中华蒙学经典

童蒙须知
名贤集

孟琢 译注

中華書局

目　录

童蒙须知

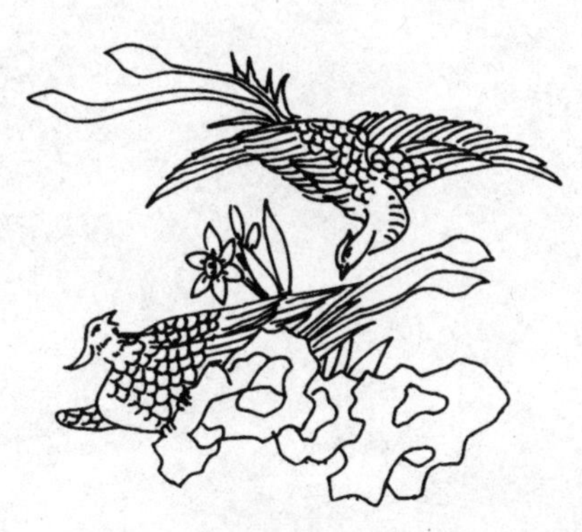

名贤集

童蒙须知

前 言

《童蒙须知》（一名《训学斋规》）是宋代大儒朱熹撰写的一部童蒙读物。朱熹（1130－1200），字元晦，世称朱子。他是南宋时期著名的理学家、思想家、教育家，是孔子、孟子以来最为杰出的儒学大师，在历史上有着极其深远的影响。

朱熹一生致力于教育事业，蒙学在其教育思想中具有重要地位。他在总结前人和自己的教育经验的基础上，将一个人的教育过程分为"小学"和"大学"两个既有区别又有联系的阶段，并提出了两者不同的教育目的、规律和方法。朱熹认为，8－15岁是"小学"阶段，其任务是培养"圣贤坯璞"。由于儿童"智识未开"，思维能力薄弱，所以"小学"期间当以实践、养德为主。他在《小学原序》中说道："古者小学，教人以洒扫、应对、进退之节，爱亲、敬长、隆师、亲友之道，皆所以为修身、齐家、治国、平天下之本。而必使其讲而习之于幼稚之时，欲其习与智长、化与心成，而无扞格不胜之患也。"由此可见，"小学"教育应以生活实践为主，在具体的洒扫应对中涵养德行、培养习惯，从而扎下"修齐治平"的根基。这一根基为童蒙打下生命的底色，具有重要的意义。因此，朱熹在政事、治学之余，亲自编写了一些童蒙读本，其中用力最勤、影响最广的当属《小学》一书。明太祖朱元璋曾下旨令亲王、驸马、太学生都要讲读此书，清雍正帝亲自为《小学集注》一书作序，其影响力可见一斑。

《童蒙须知》是朱熹《小学》之外的另一部重要的蒙学著作。它内容详实、语言精练，体现出朱熹蒙学思想的整体特点和基本内容。《童蒙须知》中说，“夫童蒙之学，始于衣服冠履，次及言语步趋，次及洒扫涓洁，次及读书写文字，及有杂细事宜，皆所当知”。这正是要从生活实践的层面入手，展开蒙学教育，为儿童奠定“修身治心”“穷理尽性”的基础。具体而言，朱熹从“衣服冠履”“言语步趋”“洒扫涓洁”“读书写文字”“杂细事宜”五个方面详细说明了儿童应当遵守的行为规范，涉及生活中方方面面的细节。在整体上，《童蒙须知》具有以下两方面特点：

首先，《童蒙须知》是一部脚踏实地、细致入微的书。朱熹身为一代鸿儒，其学包罗古今，颇有经天纬地之气象。但在《童蒙须知》中，他却字字句句落到实处，细致绵密地关注了儿童生活的点滴，将生活规范与德行涵养全方位地统一起来。例如在谈到穿衣时，他将穿衣、理衣、洗衣、补衣的规范一一道来，看起来更像是母亲的细声嘱咐，而不是一代大儒的谆谆教诲。事实上，这些看似“琐碎”的细节，正是朱熹用心周到之处。万丈高楼平地起，任何宏伟的事业，均由具体入微的努力而得来。因此，想要培养儿童的自立与自律，就必须深入到生活的实处，在细节中养成儿童的素质与品德。又如朱熹谈到晚辈和长辈并行时的规矩，说道：“凡侍长上出行，必居路之右，住必居左。”陪同长辈出行，为何还要不断变换位置？事实上，这一左一右的位置变换，正是朱熹用心细致之处。古人以右为尊，如《史记》中说蔺相如“位在廉颇之右”，古代贬官称为“左迁”，因此和长者并立时，年轻人要站在左边，以示尊敬。但行走在路上之时，则要站在道路的右侧——站在外侧，是对老年人的关照与保护。在走路位置的变换中，将对长者的尊敬和对老年人的关怀完美融合，体现出浓郁的人情美，这正是《童蒙须知》中礼仪规范的魅力所在。

其次，《童蒙须知》是一部用意深刻、暗合道妙的书。朱熹学养深厚、思想邃密，蒙学思想是他浩瀚的儒学体系的组成部分。因此，朱熹的蒙学和儒家的思想传统密不可分，具有他人难以比拟的思想深度和历史底蕴。《童蒙须知》种种行为规范的背后，蕴含着儒家思想的精华。例如："凡开门揭帘，须徐徐轻手，不可令震惊声响。凡众坐，必敛身，勿广占坐席。"仁恕之道是儒家思想的核心，孔子谓"吾道一以贯之"，指的便是忠恕之道。仁恕的精神实质是对他人一份真切的理解与关怀，在朱熹提倡的行为规范中，便体现出"仁"的精神。开门要轻，是体谅门内人的感受，不要惊吓到他们；在坐席上要收敛身体，是体谅同坐人的感受，不要挤迫到他们。这种将心比心、推己及人的行为，正是仁道在生活中的落实。童蒙在践行的过程中，可以随时涵养心中的暖意。

我们看到，《童蒙须知》用心缜密、贴近生活，为儿童提供了具体可行的行为规范，具有极强的实际操作性。与此同时，《童蒙须知》立意高远、用心深切，和儒家经典具有千丝万缕的联系；它虽为"小学"，却时刻不离"大学"的高度。在朱熹宏阔境界与深厚学养的统摄下，这两方面特点融合无间，让《童蒙须知》兼具教育性、生活性、实践性、义理性等多方面的特点与价值，体现出"知行合一"的气象。《中庸》中"致广大而尽精微，极高明而道中庸"一语，正可用来评价此书。明确了《童蒙须知》的特点与价值，我们也便清楚了如何在家庭教育、学校教育中运用《童蒙须知》了，一言以蔽之，要做到实践与说理相结合。一方面，让孩子从生活细节做起，端正行为，养成良好的生活习惯。一方面，要为他们阐明这些生活规范背后的深意，结合其他儒家典籍，进行融会贯通的传统文化教育。

最后，介绍一下本书的版本情况。《童蒙须知》由于篇幅短小，历代少见单刻本，大多收录于各种丛书之中。在上海古籍出版社、安徽教育出版社的《朱子全书》中，整理者“以《童蒙须知》（东听雨堂刊书儒先训要本）为底本，校以居家必用事类全集本及《训学斋规》系统的《大全集补遗》及《说郛》本等，订正了一些讹误”。我们认为，这一整理是科学而严谨的，故采用《朱子全书》中的版本。

原叙[①]

夫童蒙之学[②]，始于衣服冠履[③]，次及言语步趋[④]，次及洒扫涓洁[⑤]，次及读书写文字，及有杂细事宜，皆所当知。今逐目条列，名曰《童蒙须知》。若其修身治心、事亲接物、与夫穷理尽性之要[⑥]，自有圣贤典训[⑦]，昭然可考[⑧]，当次第晓达[⑨]，兹不复详著云。

【注释】

① 叙：同“序”，序言。

② 童蒙：年幼无知的人。

③ 冠（guān）：古代帽子的总称。　履（lǚ）：鞋。

④ 步：行走。　趋：小跑。

⑤ 洒扫：洒水扫地，泛指打扫卫生。　涓洁：洁净、清洁。

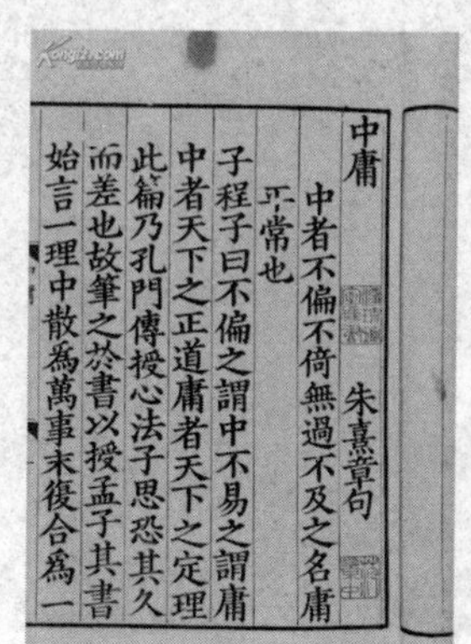

中庸　朱熹章句
中者不偏不倚無過不及之名庸
平常也
子程子曰不偏之謂中不易之謂庸
中者天下之正道庸者天下之定理
此篇乃孔門傳授心法子思恐其久
而差也故筆之於書以授孟子其書
始言一理中散為萬事末復合為一

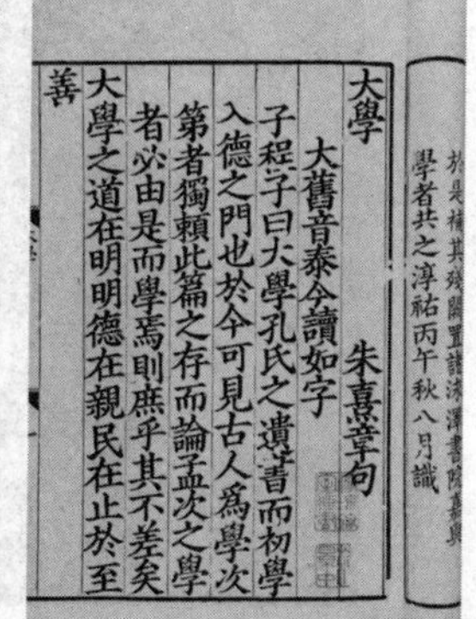

學者共之淳祐丙午秋八月識
大學　朱熹章句
大舊音泰今讀如字
子程子曰大學孔氏之遺書而初學
入德之門也於今可見古人為學次
第者獨賴此篇之存而論孟次之學
者必由是而學焉則庶乎其不差矣
大學之道在明明德在親民在止於至
善

《童蒙须知》作者朱熹像及其理学代表作——《四书章句集注》

⑥ 修身治心：陶冶身心，涵养德行。 事：侍奉。 接物：指与人交往。 穷理尽性：穷究天地万物的规律与本质。

⑦ 典：典籍。 训：教导。

⑧ 昭然：清晰明白的样子。

⑨ 次第：次序、顺序。 晓：明晓，掌握。

【译文】

童子的学习步骤，要从学会端正衣服鞋帽开始，其次是学习说话、走路的规矩，接下来要培养打扫卫生的习惯、方法，然后是读书、写字的注意事项，以及各种细致的礼仪规范，都是应当知晓的。现在我把这些内容逐条列举下来，名为《童蒙须知》。至于修身养性、涵养品德、侍奉长辈、待人接物以及穷究万物的终极规律等等，这些修养的要点，可以从圣贤的典籍、教导中进行明晰的考察，循序渐进地加以学习、掌握，在这里就不详细说解了。

被誉为“徽州第一宅”的胡宗宪故居里的童蒙馆

蒙馆也叫蒙学，是中国古代对儿童进行启蒙教育的学校。

【点评】

古代的蒙学不仅是知识的教育，更是一种生活的教育。在孩子启蒙之际，养成良好的生活习惯，会让他受益终生。因此，在《童蒙须知》一开始，朱熹便强调了童蒙教育的基本内容：从衣服鞋帽的端正整洁做起，到学会说话、走路、洒扫的规矩，然后才是读书、写文字，而且并不忽视生活中的各种琐事、杂事。这种以做人为本、做事为主的童蒙教育，和孔子“行有余力，则以学文”的思想是一脉相承的。在生活规范之外，朱熹还指出，君子的自我修养包括“修身、治心、接物、穷理尽性”等不同层面，这些修养已经不再属于蒙学，而上升到“大学”的高度。想要实现这些修养，必须要到古圣先贤的典籍、教导中寻找滋养。实际上，他为那些刚刚涉学的童蒙稚子们指出了一条道路、一个方向——童蒙之学是基础，但绝不是终点，修身养性的路还很长，需要付出终生的不懈努力。

衣服冠履第一

大抵为人，先要身体端整。自冠巾、衣服、鞋袜皆须收拾爱护[①]，常令洁净整齐。我先人常训子弟云[②]：“男子有三紧。谓头紧、腰紧、脚紧。”头谓头巾，未冠者总髻[③]。腰谓以绦或带束腰[④]。脚谓鞋袜。此三者要紧束，不可宽慢[⑤]。宽慢则身体放肆[⑥]，不端严，为人所轻贱矣。

【注释】

① 冠（guān）：帽子。　巾：头巾。

② 先人：祖先。　训：教导。

③ 冠（guàn）：古代男子到成年则举行加冠礼，叫做冠。一般在二十岁。　总：捆束，捆扎。　髻（jì）：挽在头顶或脑后的发结。

④ 绦（tāo）：丝绳，丝带。

⑤ 慢：散漫，散乱。

⑥ 放肆：放纵，没有约束。

【译文】

一般来说，做人先要做到身体外表的端正整洁。从帽子、头巾到衣服鞋袜，都要爱护整理，时常让它们保持干净整齐。我的祖先经常教导家里的后辈说："男人要做到'三紧'，说的是头紧、腰紧和脚紧。"头紧指成年人的头巾要扎牢，未成年人要把头发束紧。腰紧指用丝绦或布带把腰部束紧。脚紧指的是鞋袜要穿紧。这三者都要系紧，不能宽松散漫。宽松散漫就会让人的身体缺乏约束，不够端庄严肃，会被人瞧不起。

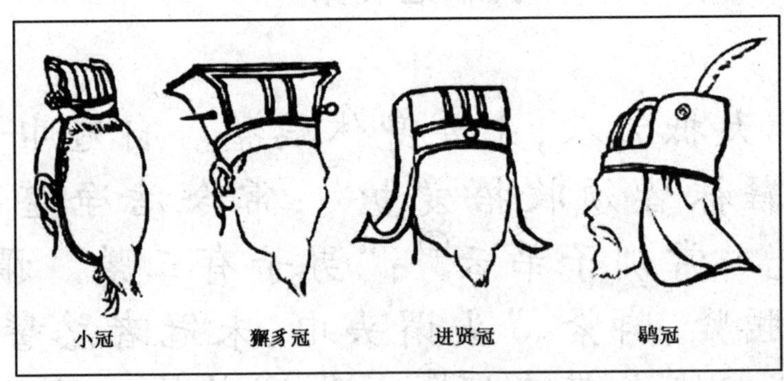

汉代的头冠

小冠（也称束髻冠），形状像手，正束在发髻上，用簪贯穿，用绫系在脖子上，文官、学士常用。獬豸（xièzhì）冠（也称法冠），秦汉及秦以前各代执法官所戴。獬豸，传说中的异兽，善于判断曲直，见人争斗就用角去顶坏人。进贤冠（也称儒冠），是在朝的文官所戴，冠上有梁为记，又称梁冠，以梁的多少来分等级爵位。鹖（hé）冠（又称武冠），为秦汉及秦以前武官所戴。冠顶插饰鹖毛以示英勇。鹖属鸱鸟类，性勇好斗，至死不退。

【点评】

这一章讲的是穿衣服的规范。做人先要“身体端整”，一方面要做到衣帽鞋袜的端正合适，一方面要做到上下服饰的干净整齐，这是传统蒙学教育的起点，《弟子规》中也说“袜与履，俱紧切”。古人之所以强调这一点，是因为“正心先要正身，正身先要正衣”。让儿童在穿衣戴帽的整齐、认真中，养成一种端庄严肃的生活态度。这种态度能够让人远离放纵妄为，成为一个被人尊重的人。

凡着衣服，必先提整衿领①，结两衽纽带②，不可令有阙落③。饮食照管，勿令污坏；行路看顾，勿令泥渍④。

【注释】

① 衿（jīn）：古代服装下连到前襟的衣领。

② 衽（rèn）：衣襟。　纽：衣带的结扣。

③ 阙（quē）：缺少。

④ 渍（zì）：沾在物体表面上的污垢。

【译文】

穿衣服的时候，必须先把衣领提起来、整理好，然后把两边衣襟的纽带系好，不能遗漏。吃饭的时候要注意照看衣服，不要弄脏；走路的时候也要时时照看，不要沾上泥污。

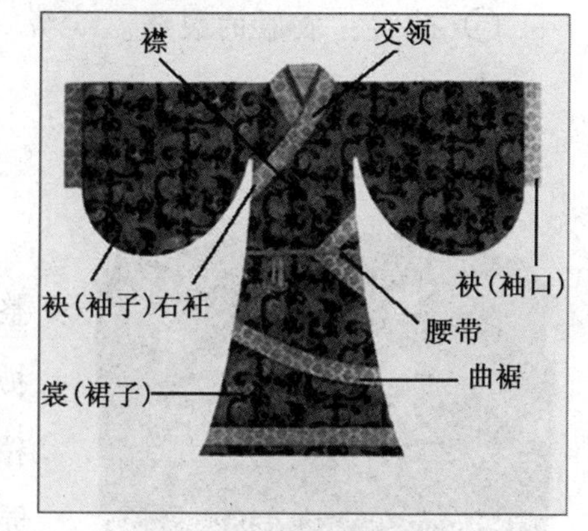

汉代服饰结构示意图

【点评】

小孩子穿衣服时容易丢三落四，不是领子放歪，就是扣子系错。在吃饭玩耍的时候，更容易弄脏衣服。《童蒙须知》专门谈到了这一点，看来朱熹对儿童的生活习性还是非常了解的。之所以要时时照看衣服、不要弄脏，是要让儿童养成良好的生活习惯，同时让他们在这个过程中锻炼“收心”。

凡脱衣服，必齐整折叠箱箧中①。勿散乱顿放②，则不为尘埃杂秽所污。仍易于寻取，不致散失。着衣既久，则不免垢腻③。须要勤勤洗浣④。破绽则补缀之⑤，尽补缀无害，只要完洁⑥。

【注释】

① 箧（qiè）：箱子。

② 顿放：安置，放置。

③ 垢：污垢。　腻：油腻。

④ 浣（huàn）：洗涤。

⑤ 破绽：衣服的裂缝。　缀（zhuì）：缝合。

⑥ 完：完整。

【译文】

明代黄花梨衣箱

在脱衣裳的时候，一定要折叠整齐了放在箱子里，不要散乱地乱扔。这样的话，既不会被尘埃、污秽弄脏衣服，也容易寻找，不至于弄丢。衣服穿久了，不免被污垢、油腻弄脏，这就要勤洗衣服。衣服破了就要补，衣服怎么补都没问题，只要保持完整、干净就可以了。

【点评】

清代吴求绘《仕女缝衣图》，现藏南京博物馆。

在生活中我们都有这样的体会，衣服换下来随手一丢，再穿的时候翻箱倒柜都找不到，干着急。朱熹告诉我们，要让儿童从小养成整理衣物的好习惯，衣服穿脏了要勤洗，衣服穿破了要缝补，真是谆谆教诲。这些看似"琐碎"的细节，正是他用心周到、细致之处。用今天的话说，我们要在生活的细节中养成孩子的动手能力，培养他们的自立与自律。

凡盥面[①]，必以巾帨遮护衣领[②]，卷束两袖，勿令有所湿。凡就劳役，必去上笼衣服[③]，只着短便[④]，爱护勿使损污。凡日中所着衣服[⑤]，夜卧必更[⑥]，则不藏蚤虱，不即敝坏[⑦]。苟能如此，则不但威仪可法[⑧]，又可不费衣服。晏子一狐裘三十年[⑨]，虽意在以俭化俗，亦其爱惜有道也，此最饬身之要[⑩]，毋忽。

【注释】

① 盥（guàn）：洗。

② 帨（shuì）：手巾，手帕。

③ 上笼衣服：这里指正式的衣服。

④ 短便：短小的便服。

⑤ 日中：白天。

⑥ 更：更换。

⑦ 敝：破旧。

⑧ 威仪：庄重的仪容举止。

⑨ 晏子：晏婴，春秋时期齐国大臣。他身材短小，其貌不扬，却以忠诚、机智、节俭著称于世。 狐裘（qiú）：用狐皮制的外衣。

⑩ 饬（chì）身：修身，让自己的行为符合礼法。饬，整治。

【译文】

春秋后期齐国名臣晏婴像

洗脸的时候，一定要用手巾把衣领遮住，把袖子卷束起来，不要弄湿了。参加劳动的时候，要脱掉正式的衣服，只穿短小的便服，而且要爱护它，不要损坏、弄脏。白天穿的衣服，晚上睡觉时一定要换掉，这样衣服里才能不藏跳蚤、虱子，不会把衣服穿旧、穿坏。如果能做到这些，不但会具有庄重的仪容，能够让人效法，而且也不耗费衣服。晏子的一件狐裘穿了三十年，虽然他的用意是用节俭的美德改易风俗，但也体现出他懂得爱惜衣物的方法，这是修身的要点，不要疏忽。

【点评】

朱熹将穿衣的规范娓娓道来，越说越细，已经讲到洗脸、劳动、睡觉时应该注意的穿衣细节了。君子的道德操守体现在生活的点滴之中，真是令人敬佩。值得注意的是，讲求穿衣之道不是为了“讲究”，而是为了具有令人效法的“威仪”——这是一种由内至外的人格风范，它与衣物的奢华无关。因此，朱熹的穿衣之道始终与节俭密不可分，无论是修补衣服，还是爱护衣物，都体现出简朴、爱物的追求。所谓“俭以养德”，正是如此。

言语步趋第二

凡为人子弟，须是常低声下气，语言详缓，不可高言喧哄、浮言戏笑①。父兄长上有所教督②，但当低首听受，不可妄自议论。长上检责③，或有过误，不可便自分解，姑且隐默④。久却徐徐细意条陈⑤，云此事恐是如此，向者当是偶尔遗忘⑥。或曰：当是偶尔思省未至⑦。若尔，则无伤忤⑧，事理自明。至于朋友分上，亦当如此。

【注释】

① 喧哄：喧哗哄闹。　浮言：虚浮而没有根据的话。

② 督：督促。

③ 检责：检查、批评。

④ 隐默：沉默不言。

⑤ 条陈：分条陈述，仔细解说。

⑥ 向：当时，当初。

⑦ 思省（xǐng）：思考、省察。

⑧ 忤（wǔ）：抵触，冒犯。

【译文】

作为年轻后辈，应该时常低声下气、恭顺小心，说话要详尽、缓慢，不能高声喧哗、哄闹，说一些虚浮而没有根据的话，随意嬉笑。面对长辈的教导督促，应当低下头来虚心接受，不能随意发表议论。长辈检查、批评自己，即使是批评错了，也不要当时就辩解，而是要暂且沉默不语。时间久了，再慢慢地仔细说明当时的情况。

清代焦秉贞绘《南楼老人授经教子图》

清初嘉兴女画家陈书，晚年自称南楼老人，擅长人物、山水、花卉，书法也秀丽遒劲，诗文颇为精通。她成年后嫁于钱纶光为妻，钱氏为嘉兴望族，可惜她的丈夫很早就过世了。她只能勤俭持家，夜来纺纱织布，苦度岁月，但对于子女的教育却从不放松，教子读经吟诗常常至深夜。其子钱陈群在她的精心培育下，在清康熙六十年中了进士，进入朝廷担任侍读学士等官职。

可以说“这件事恐怕应该是这样的，当时我是偶尔忘记了”。或者说“这件事是我偶尔考虑不周”这样的话，既不会和长辈发生抵触，事情的道理也会自然明了。至于朋友之间的相处，也要如此。

孟母断机教子图

【点评】

晚辈应该以怎样的态度面对长辈的批评？这是家庭生活中一个重要的问题。朱熹认为，晚辈应该恭敬顺从、虚心接受，即使长辈委屈了自己，也不要马上辩解，而要在事后委婉地表达出自己的意见。这样的态度体现出对长者的敬意，但也不免有些“压抑”。其实，在晚辈和长辈的交往中，真诚是最为重要的！当然，良好的态度也是非常重要的，我们固然不必刻意地“低声下气”“低首听受”“姑且隐默”，但却不能顶嘴、吵闹，而是要真诚而充满尊重，平和而不失礼敬。

凡闻人所为不善①，下至婢仆违过②，宜且包藏③，不应便尔声言④。当相告语⑤，使其知改。

【注释】

① 不善：坏事，错事。

② 婢（bì）仆：男女奴仆。

③ 包藏：包涵，宽容。

④ 便尔：轻易地，草率地。 声言：声张，宣扬。

⑤ 语：告诉。

【译文】

听闻别人做了坏事、错事，以至于家中的奴仆犯了错误，应该有所宽容包涵，不要轻率地把他（她）的错误宣扬出去。应该指出他（她）的错误，让他（她）知道改正。

【点评】

当我们见到别人犯错误的时候，也是考验我们自身道德修养的时候。面对别人的错误，要有一份宽容与涵养，不要把别人的过失宣扬得满世界都是，要给他留下改过自新的空间。面对别人的错误，要有一份真诚与坦荡，不要为了人情装作若无其事，而是要坦率地指出对方的不足，这是孔子所说的“益者三友”中的“友直”。当然，面对别人的错误时，更要有一份自我的反思，我是不是也有类似的毛病——“见贤思齐，见不贤而内自省也”。

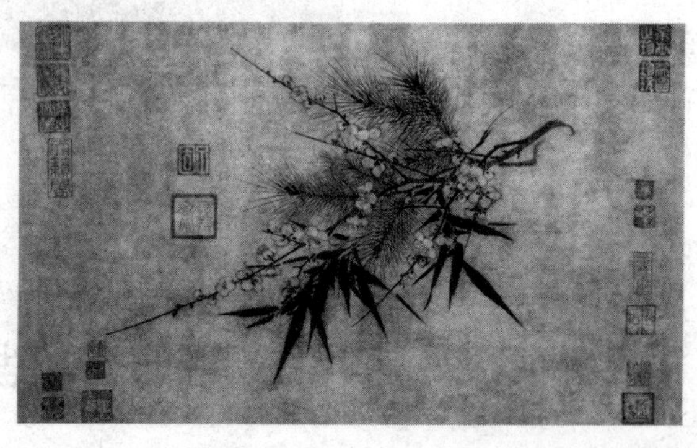

南宋赵孟坚绘《岁寒三友图》，古人常以梅竹菊比喻诤友。

凡行步趋跄[①]，须是端正，不可疾走跳踯[②]。若父母长上有所唤召，却当疾走而前，不可舒缓[③]。

【注释】

① 趋：小跑。 跄（qiàng）：急走。

② 跳踯（zhí）：上下跳跃。

③ 舒缓：缓慢，懈怠。

【译文】

无论是走路还是小跑，都要姿态端正，不要匆忙奔跑、跳上蹿下。但如果是父母或家中的长辈招呼你的话，却要赶紧来到他们面前，不能缓慢、懈怠。

【点评】

一个有修养的人，他的行住坐卧都体现出安详稳重的风范，哪怕是有急事出门，也不能跳上蹿下，鲁莽从事。但如果是父母长辈招呼，却不能一味追求“稳重”，而要赶紧来到父母面前，体现出对长辈的敬意。我们看到，古人对行为方式的理解不是单一而僵化的，而是随着生活情境、场合的变化而不断加以调整——这样的生活规范是活泼而生动、灵活而机动的。

洒扫涓洁第三

凡为人子弟，当洒扫居处之地，拂拭几案①，当令洁净。文字笔砚②、凡百器用③，皆当严肃整齐④，顿放有常处⑤。取用既毕，复置元所⑥。

【注释】

① 拂拭：擦干净。 几（jī）：古人坐时用来倚靠或放物件的小

桌子。 案：桌子。

② 文字：这里指用来写字的纸张。

③ 凡百：一切。 器用：器皿用具。

④ 严肃：这里指摆放得有规矩。

⑤ 顿放：放置，安置。

⑥ 元所：原来的地方。

文房四宝图

文房图

【译文】

作为年轻后辈，要经常打扫居住的环境，擦干净书桌，让它保持整洁。笔墨纸砚以及各种器皿用具，都要摆放整齐，放在固定的地方。用完之后，还要物归原所。

【点评】

这一章讲的是打扫环境卫生的规范。在朱熹看来，小孩子不仅要养成良好的个人卫生习惯，还要养成良好的环境卫生习惯——应当经常洒扫房间、擦净桌几，把学习用具摆放整齐，用完物品要放回原处。良好习惯的养成能让人终身受益。东汉时，有个少年名叫陈蕃，自命不凡，一心只想干大事业。一天，他父亲的朋友薛勤来拜访他，见他屋子里又脏又乱，便问他："年轻人怎么不打扫屋子招待客人?"陈蕃答道："大丈夫生活在世上，应当以清理天下为己任，怎么能只做打扫一庭一室的事呢?”薛勤当即反问说:“一屋不扫,何以扫天下?”陈蕃无言以对。这个故事正可以作为《童蒙须知》的注脚,任何大事业、大成就都是由小事积累而成的,“莫以善小而不为”,君子高尚的人格正是在生活点滴中成就的。

父兄长上坐起处,文字纸札之属[1],或有散乱,当加意整齐[2],不可辄自取用[3]。凡借人文字,皆置簿钞录主名[4],及时取还。

【注释】

① 纸札(zhá):纸张。

② 加意:特别注意。

③ 辄(zhé):立即。

④ 簿(bù):记事本。　钞录:抄写。

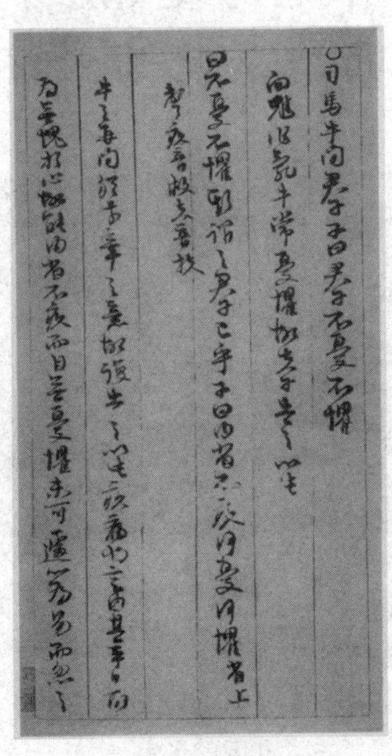

朱熹手书《论语集注残稿》书札(日本藏)

【译文】

在父亲、兄长以及家中长辈们居住的地方，如果他们的纸张、书本放散乱了，要特别注意，帮他们收拾整齐，不要随便拿来供自己使用。如果借了别人的纸张、书本，要在记事本上记下他们的名字，以便及时归还。

【点评】

小孩子不仅要收拾、清理自己的文具纸张，如果看到家中长辈的东西放乱了，也要帮他们进行整理。这真是一箭双雕的好办法，既培养了良好的生活习惯，也涵养了孝悌之道。至于向别人借了东西，一定不要过后即忘，而是要记在本上，以便及时归还。所谓“有借有还，再借不难”，就是这个意思。

窗壁、几案、文字间，不可书字。前辈云：“坏笔污墨，瘝子弟职①。书几书砚，自黥其面②。”此为最不雅洁，切宜深戒③。

清代禹之鼎绘《王原祁艺菊图》，现藏于北京故宫博物院。图中描绘了古人几案的形制。

【注释】

① 瘝（guān）：旷废。 职：本业。

② 黥（qíng）：古代的一种刑罚，在脸上刺刻后涂以墨。

③ 戒：防备，预防。

【译文】

在窗户、墙壁、桌子、书本上，不可以随便写字。长辈曾经说："弄坏笔、弄脏墨，会破坏晚辈后学的本业；在书桌、书本、砚台上随便写字，就像在脸上刻字一样丢脸。"这是最不高雅、洁净的事情，应该深深地加以预防。

【点评】

在各式各样的生活环境中，学习环境最为重要。那是我们读书习字的地方，更是我们涵养德行、增长知识的场所，容不得半点疏忽。小孩子刚刚接触笔墨，很容易乱写乱画，朱熹引用前辈的话，说得很重，指出这种行为就像在脸上刻字一样丢脸。这种态度是要养成小孩子对于学习环境的敬重之心，从尊重书本笔墨开始，来尊重学问、尊重文化，尊重书本中的教诲与传承。

读书写文字第四

凡读书，须整顿几案①，令洁净端正。将书册整齐顿放，正身体对书册②，详缓看字③，子细分明④。

【注释】

① 整顿：整理，收拾。

② 正：端正。

③ 详缓：详尽、缓慢。

④ 子细：仔细。

康熙读书图

【译文】

在读书时，先要收拾好书桌，把桌子上的物品清理整洁、摆放端正。把书本整齐放好，端正身体面对书本，详尽、缓慢地看书，把书中的内容看得仔细分明、清清楚楚。

【点评】

这一章讲的是读书写字的规范。在古人心中，读书习字是生命中的头等大事，这是一个人摆脱蒙昧、获取真知的关键。因此，要以一种肃穆、庄严的心态来面对它。在读书之前，要清理环境、端正坐姿——正身即是正心，这实际上是在清净我们烦乱的心绪、端正读书的心态。心不静，读书便容易浮躁，一目十行、毫无所得，朱熹特别强调，读书时要“详缓、仔细”，只有这样才能有实实在在的积累与收获。近代的大学者黄侃先生指出，看书要从头读到尾，切忌那种看过几页便扔到一边的“杀书头”的现象，也是此意。

读之，须要读得字字响亮，不可误一字，不可少一字，不可多一字，不可倒一字①。不可牵强暗记②，只是要多诵遍数③，自然上口④，久远不忘。古人云：“读书千遍，其义自见⑤。”谓熟读则不待解说，自晓其义也。

【注释】

① 倒：前后颠倒。

② 牵强：勉强。

③ 遍数（shǔ）：一遍遍地数说。

④ 上口：指诵读诗文纯熟，能顺口而出。

⑤ 见（xiàn）：体现，呈现。

【译文】

读书的时候，要把每个字都响亮地读出来，不能读错一个字，不能读少一个字，不能添加一个字，不能有一处前后读颠倒的地方。读书的时候不能勉强地暗暗记忆，只要一遍遍地多去诵读，自然能够牢记，顺口而出，很长时间之后都不忘记。古人说："书读的遍数多了，其中的思想、义理自然而然便呈现出来。"指的是书读熟了之后，不需要别人讲解，自己就能明白书中的意思。

【点评】

诵读是古人学习的重要方法。诵读时要全神贯注，大声朗读，不要读错字，不要落字、添字，不要读颠倒，也不必边读边背，只要把自己的全部精神投注到诵读之中便可以了。读多了，自然能背诵，而且"其义自见"，了解书中的思想内容。这是一

古代读书郎剪纸

种“涵养”的学习方法，在古人数千年的教学实践中得到了充分的验证。对今天的孩子而言，我们无妨一试，让他们在琅琅的读书声中，自然而然地收获知识、收获思想。

余尝谓读书有三到①：谓心到、眼到、口到。心不在此，则眼不看子细，心眼既不专一，却只漫浪诵读②，决不能记，记亦不能久也。三到之中，心到最急③。心既到矣，眼口岂不到乎？

【注释】

① 到：到位。

② 漫浪：随意，散漫。

③ 急：重要，要紧。

【译文】

我曾说读书时有“三到”的标准，说的是心要到位、眼要到位、口要到位。如果读书时心不在焉，那么眼睛看书也不能认真仔细，心和眼都不能集中精力，只是随意散漫地诵读的话，绝对不能记忆，即使记下来也不能做到长久不忘。在“三到”中，“心到”是最重要的。心思已经聚精会神了，看书和诵读难道还不能集中精力吗？

【点评】

“三到”是朱熹的读书方法，在历史上广为人知。读书要集中精力，眼看口诵，不能有丝毫懈怠，这样才能有实实在在的收获。在“三到”之中，朱熹强调以“心到”为主，因为读书在本质上是心灵的事情。一方面，读书要伴随着理性的思考，一方面，读书还要投入生命的体悟。把书本当作朋友、当作良师，用心灵去和书本交谈，相知相契，在这个过程中提升境界、开启智慧，这才是读书的真谛。

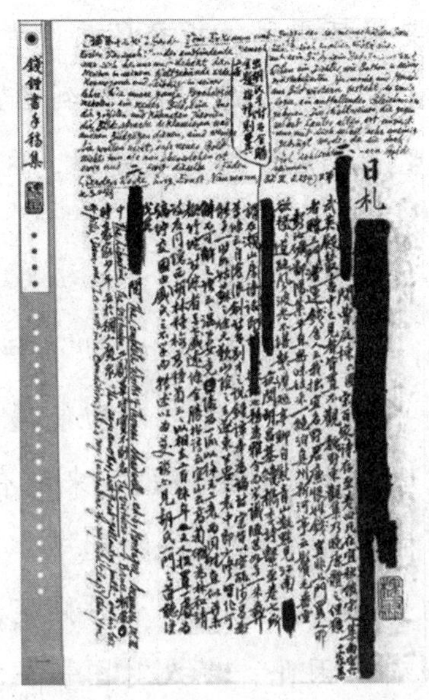

著名学者钱锺书先生及其所做的读书手札

凡书册，须要爱护，不可损污绉折[①]。济阳江禄[②]，书读未完，虽有急速[③]，必待掩束整齐然后起[④]，此最为可法[⑤]。

【注释】

① 绉（zhòu）折：折叠并留下痕迹。

② 江禄：南朝梁济阳考城人，自幼好学，善于作文、书法、弹琴。颜之推《颜氏家训·治家》："济阳江禄，读书未竟，虽有急速，必待卷束整齐然后得起，故无损败。"

③ 急速：仓促间发生的紧急事件。

④ 掩：合上书。 束：捆束。

⑤ 法：效法。

【译文】

对于书本要加以爱护，不要损坏弄脏、折叠留痕。古代济阳这个地方有个人叫江禄，在书没有看完的时候，即使遇到了紧急事件，也一定要把书从容合上、收拾整齐之后再起身去处理，这种行为是最值得效法的。

【点评】

读书是庄严的事情，因此，对于书本要格外加以爱护，不要弄脏弄坏。朱熹特别推崇南朝时的江禄，他读书时即使遇到再急的事情，也要把书收好了再去处理，他读过的书也从来没有损坏过。在古代，一本好书往往来之不易，很多古人买不起书，只好走很远的路去借书看。东汉时期的大思想家王充，小时候连借书都借不到，只好在书摊上“蹭”书看。因此，古人对图书往往格外珍惜。到了今天，信息发达、物流通畅、物质极大丰富，对书的珍惜也大不如前了。很多小孩子在书上随意乱画、看完就扔，和古人相比，应该感到惭愧。

宁波天一阁所藏古代珍本图书

天一阁宝书楼

凡写文字，须高执墨锭[①]，端正研磨[②]，勿使墨汁污手。高执笔，双钩端楷书字[③]，不得令手指着毫[④]。凡写字，未问写得工拙如何[⑤]，且要一笔一画，严正分明[⑥]，不可潦草。凡写文字，须要子细看本[⑦]，不可差讹[⑧]。

【注释】

① 墨锭（dìng）：墨块。

② 研磨：磨细，磨碎。

③ 双钩：古代的一种握笔手法，用食指、中指和拇指勾住笔管握笔，其他两指放在笔管后方。双钩和单钩相对，握笔更牢。　端楷（kǎi）：端正的楷书。

④ 着（zhuó）：碰到。　毫：笔头。

⑤ 工拙：优劣好坏。

⑥ 严正：端正。

⑦ 本：书册。

⑧ 差讹（é）：差错，错误。

【译文】

在写字的时候，要拿着墨块的上端，坐姿端正地磨墨，不要让墨汁把手弄脏。握笔要高，用双钩法牢牢地握住笔，写端正的楷书字，不要让手指碰到笔头。写字时无论字写的好坏、美丑，都要一笔一画，字迹端正整齐、易于辨认，不能潦草。写字的时候要认真地看着书册，不要写错字。

【点评】

汉字是中华文化的精魂，通过汉字，中国数千年的伟大文明得以传承至今。古人对于文字有着一份真挚的敬意，认为在写每一个字的时候，都要认真仔细，不可马虎随便。因此，朱熹细致地说解了磨墨、写字的规矩。磨墨对于我们来说，已经十分陌生了，但在学习写字时却可以借鉴其中的方法——坐姿要正，握笔要稳，写字时要一笔一画、清晰整齐，让人容易辨认。要知道，所谓“字如其人”，在字迹潦草的背后，多半是一个马马虎虎的人。

杂细事宜第五

凡子弟，须要早起晏眠①。凡喧哄争斗之处不可近，无益之事不可为。谓如赌博、笼养、打球、踢球、放风禽等事②。

【注释】

① 晏（yàn）眠：安眠。晏，安乐，安闲。

② 笼养：用笼子养鸟。　打球：一种古代的体育活动，本为军队中用来演武的马上球赛，类似于今天的马球运动。　踢球：一种古代的体育活动，又名蹴鞠（cù jū），类似于今天的足球运动。　风禽：风筝。

【译文】

作为年轻后辈，要早早起床、安心睡觉。那些喧闹的、争斗的地方，不要接近，不要做没有意义的事情，比如说赌博、养鸟、玩马球、踢足球、放风筝之类的活动。

【点评】

宋代佚名绘《小庭婴戏图》

这一章讲的是日常杂事的行为规范。一日之计在于晨，朱熹主张年轻人要早起，把握大好光阴；但也要安心睡眠，养足精神，不要熬夜嬉耍，损害身体，这些都是符合健康规律的行为。他主张年轻人要远离“无益之事”，譬如赌博、养鸟之类，容易玩物丧志，更与儒家传统中的“慎独”之道（即人们在独自活动无人监督的情况下，凭着高度自觉，按照一定的道德规范行动，而不做任何有违道德信念、做人原则的事情）密切相关。但是，朱熹把蹋球、放风筝之类的体育运动也归入“无益之事”，则不免有些狭隘，反映出其思想的时代局限性。

凡饮食，有则食之，无则不可思索①，但粥饭充饥不可阙②。凡向火③，勿迫近火旁④。不惟举止不佳，且防焚爇衣服⑤。

【注释】

① 索：寻求。

② 阙（quē）：缺少。

③ 向火：烤火。

④ 迫近：接近。

⑤ 爇（ruò）：烧坏。

【译文】

关于饮食，如果充足的话便吃，如果没有也不要刻意去寻求，只是粥和米饭足以充饥便可以了。在烤火的时候，不要过于接近火堆，不仅因为这种行动是不文雅的，也要防止烧坏衣物。

【点评】

饮食为人之大节，但不要刻意追求丰盛、享受，以吃饱为度。人在追求物质丰富的过程中，往往会丧失精神的高远境界。孔子说："君子食无求饱，居无求安，敏于事而慎于言，就有道而正焉，可谓好学也已。"意思是说君子饮食不求饱足，居住不求舒适，做事勤劳敏捷，说话小心谨慎，到有道的人那里去匡正自己，这样可以说是好学了。又说："士志于道，而耻恶衣恶食者，未足与议也。"意思是读书人有志于道，却又以穿的衣服不好吃的饭菜不好为耻辱，这种人是不值得与他谈论的。儒家不是要追求生活中的苦行，而是怕在生活的安逸享乐中，丧失了一个人心中最宝贵的那份志气。

表现古人饮食情景的《韩熙载夜宴图》（局部），五代顾闳中绘。

凡相揖[①]，必折腰[②]。凡对父母长上朋友，必称名[③]。凡称呼长上，不可以字[④]，必云某丈[⑤]。如弟行者[⑥]，则云某姓某丈。按《释名》弟训第[⑦]，谓相次第也[⑧]。某丈者，如云张丈、李丈。某姓某丈者，如云张三丈、李四丈。旧注云[⑨]。

《步辇图》中行揖让礼的使者。《步辇图》是唐朝画家阎立本的名作之一。公元640年（贞观十四年），吐蕃王松赞干布仰慕大唐文明，派使者禄东赞到长安通聘。《步辇图》所绘是禄东赞朝见唐太宗时的场景。

【注释】

① 揖（yī）：拱手行礼。

② 折腰：弯下腰。

③ 称名：自称其名。

④ 以字：用字称呼。字，人的表字。古人在二十岁成年之后，在本名之外另取一个与本名意义相关的另一个名字。如诸葛亮字孔明、关羽字云长等。

⑤ 丈：对老年人的尊称。

⑥ 弟行：兄弟排行。

⑦《释名》：东汉学者刘熙所著的一部训诂学著作，用来阐释各种事物的得名来由，共八卷。《释名·释亲属》：“弟，第也，相次

第而生也。”

⑧ 次第：次序，顺序。

⑨ 旧注：古代的注释。

【译文】

在拱手行礼的时候，一定要把腰弯下去。面对父母、长辈、朋友时，要自称其名（不要称字）。称呼长辈时，不要称字，要称他为“某丈”。如果长辈有兄弟排行的话，则要称呼他为“某姓某丈”。东汉刘熙在《释名》一书中用“次第”来解释“弟”的命名含义，所谓兄弟，指的是他们之间具有长幼顺序。所谓“某丈”，比如说“张丈”“李丈”。所谓“某姓某丈”，比如说“张三丈”“李四丈”。这是古代注释中的说法。

【点评】

古人的姓名分为两类，一类是名，小孩生下来便要起名，一类是字，在二十岁成年之后，在本名之外另取一个与它意义相关的名字。名是普通的称呼，字是尊称。朱熹在这里谈的便是称名、称字的讲究——自称的时候要谦虚，无论面对父母、长辈还是朋友，都要自称其名；称呼长辈的时候要表示尊重，连称字都不够，要尊称他为“某丈”或“某姓某丈”。像我们今天称呼长辈为“张叔”“张三叔”，和古人是一脉相承的。我们看到，在古人的称呼中，蕴含着自己谦恭的态度和对他人浓浓的敬意，这是一种很好的品质。礼以敬为主，前面说“凡相揖，必折腰”，也是这层用意。

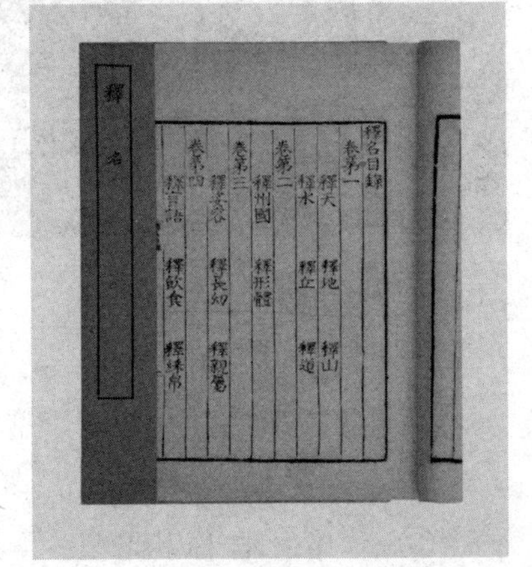

《释名》书影

凡出外及归，必于长上前作揖，虽暂出亦然[①]。凡饮食于长上之前[②]，必轻嚼缓咽，不可闻饮食之声。凡饮食之物，勿争较多少美恶[③]。凡侍长者之侧[④]，必正立拱手[⑤]。有所问，则必诚实对，言不可妄[⑥]。

【注释】

① 暂：短暂。

② 饮食：吃喝。

③ 较：计较。

④ 侍（shì）：陪从或伺候。

⑤ 拱手：两手相合以示敬意。

⑥ 妄：虚假，虚妄。

【译文】

凡是出门以及归家，一定要在长辈面前作揖行礼，哪怕是短暂的出门也要这样。在长辈面前吃东西，一定要轻轻地嚼、慢慢地咽，不要让他们听到吃东西时的声音。对待饮食，不要争执、计较量多量少、好吃与否。在长辈身边陪同，一定要端正站立、两手相合。长辈问你事情，一定要诚实地回答，不能说假话、空话。

【点评】

和长辈相处有两个重要的原则，一是要有敬意，二是要有诚意。出门前、回家后，和父母长辈打个招呼。在长辈面前吃饭要“轻嚼缓咽”，不要弄出很大的声音，更不能挑三拣四，嫌饭不好吃。在长辈身边，要端正站立，不能七扭八歪，这些都是敬意的表现。长辈问话要诚实对答，不要欺瞒他们，这是诚意的表现。用你的敬意与诚意，让长辈感受到家庭中的温暖与情意，这便是孝道实实在在的体现。

凡开门揭帘①，须徐徐轻手②，不可令震惊声响③。凡众坐，必敛身④，勿广占坐席⑤。凡侍长上出行，必居路之右⑥，住必居左⑦。

【注释】

① 揭：掀开。

② 徐徐：缓慢地。

③ 震惊：让人震动、惊惧。

④ 敛（liǎn）：收敛，约束。

⑤ 坐席：座位。古代席地而坐，故称坐席。

⑥ 居：处在。

⑦ 住：停步，驻足。

【译文】

在开门掀起门帘的时候，动作要轻柔缓慢，不要让屋子里的人被你发出的声响吓到。和众人同坐的时候，要收敛身体，不要大范围地占据座位。如果陪同长辈出行的话，行走的时候要在道路的右侧，如果停下来则要站在左侧。

【点评】

儒家提倡仁恕之道，其精神实质是对他人的一份真切的理解与关怀，在朱熹提倡的行为标准中，处处体现出仁的精神。开门要轻，是体谅到门内人的感受；在坐席上要收敛身体，是体谅到同座众人的感受。至于和长者出门的位置变化，更是用心细腻：古代以右为尊，所以和长者并立时要站在左边。但走在路上时，却要站在道路的右侧——站在外侧，是对老年人的关照与保护。在古人行住坐卧的细节中，蕴含着深切的仁心和浓厚的人情，这正是礼仪规范的魅力所在。

凡饮酒，不可令至醉。凡如厕[①]，必去外衣[②]，下必盥手[③]。凡夜行，必以灯烛，无烛则止。凡待婢仆，必端严，勿得与之嬉笑。执器皿必端严，惟恐有失。凡危险，不可近。凡道路遇长者，必正立拱手，疾趋而揖[④]。凡夜卧，必用枕，勿以寝衣覆首[⑤]。凡饮食，举匙必置箸[⑥]，举箸必置匙。食已，则置匙箸于案。

【注释】

① 如厕：上厕所。如，去、往。

② 去：脱下。

③ 盥（guàn）：洗（手）。

④ 疾趋：急速行进。

⑤ 寝衣：被子。　覆：蒙上。

⑥ 匙（chí）：小勺。　置：放置，放下。　箸（zhù）：筷子。

【译文】

饮酒之时，不可喝醉。上厕所的时候，一定要脱下外面穿的长衣，上完厕所一定要洗手。夜晚出门，一定要拿着灯火、蜡烛，如果没有的话则不要出门。对待家中的奴仆，要端庄严肃，不要和他们任意嬉笑。拿着器皿的时候要严肃小心，惟恐弄坏。对于危险的事情不要接近。在路上遇到了长辈，要端正站立、拱手行礼，然后一边快走一边作揖。晚上睡觉的时候一定要用枕头，不要用被子蒙着头睡。吃饭的时候，拿起勺子时便放下筷子，拿起筷子时便放下勺子。吃完饭后，把勺子、筷子都放在桌上。

【点评】

《大学》中的“修身、齐家、治国、平天下”，是中国古人共同的人生理想。在修齐治平中，修身是基础，正如《大学》所说：“自天子以至于庶人，壹是皆以修身为本。”修身之道是要在点点滴滴的生活细节中，保持一份严肃、认真的态度，时刻修正自己的行为。朱熹对起居、行住、饮食、言语等方方面面生活细节的规范，正是古人修身之道的落实。对于这些生活中的规矩，我们可以结合自己的生活环境，有选择地接受，但更重要的是要领会其中的用意与精神。

杂细事宜①，品目甚多②，姑举其略③，然大概具矣④。凡此五篇，若能遵守不违，自不失为谨愿之士⑤。必又能读圣贤之书，恢大此心⑥，进德修业⑦，入于大贤君子之域⑧，无不可者。汝曹宜勉之⑨。

【注释】

① 杂细：复杂详细。

② 品目：类别，名目。

③ 姑：姑且。　略：大略。

④ 大概：大体的情况。　具：完备。

⑤ 愿：质朴。

⑥ 恢：扩大，弘扬。

⑦ 进德：增进道德。　修业：学习知识、钻研学问。

⑧ 域：境界。

⑨ 汝曹：你们。

【译文】

关于生活中复杂细致的规范，还有很多种类、内容，我在此姑且举出大略，但大体上的情况已经具备了。对于这五篇《童蒙须知》，如果能够认真遵守，不去违反，自然能成为一个谨慎、质朴的士人。有了这个基础，一定能进一步学习圣贤的著作，拓宽内心的境界，增进道德、学习知识，进入到圣贤君子的境界。这一点没有不能实现的，你们应当勉励去做。

【点评】

生活是丰富多彩的，《童蒙须知》只是一种整体的行为示范，“姑举其略”。因此，我们在学习的过程中，一定要领会其中的精神，将其贯穿于人生的方方面面。朱熹认为，严肃、认真的生活方式是修身立德的起点。所谓“君子务本，本立而道生”，《童蒙须知》讲的是做人的“本”，做到了其中的内容，便能成为一个质朴、谨慎的人。在此基础上，更能生发出做人的“道”——通过拓展心量、提升境界、涵养德行、刻苦求学，在孜孜不倦的自我修养中，达到“大贤君子”的高度。这是一条境界高远的人生之路，也是一条艰苦卓绝的人生之路，需要我们鼓舞志气、勉励前行。

名贤集

前　言

《名贤集》是一部汇集自孔子、孟子以来名士贤人的名言语录集，还包括了民间流传的有关自我修养、为人处世、待人接物的格言谚语，是我国古代流传很广的一部童蒙读物。《名贤集》的作者不详，从内容风格上来看，一般认为它成书于南宋时期。宋代理学兴盛，宋代学者在程朱理学思想的影响下，广泛吸收《论语》《孟子》《朱子语类》等儒家经典，从中选取通俗易懂的警句，整理编纂出《名贤集》的雏形。此后又经后代儒者的修订增补，形成了我们今天见到的面貌。到了明代，学者在《名贤集》的基础上进行增补删削，编成了《增广贤文》。《增广贤文》在历史上也有着广泛的影响，而它和《名贤集》是具有历史渊源的。

根据字数不同，《名贤集》分为“四言集”“五言集”“六言集”“七言集”四个部分。其中五言、七言为数最多，六言最少，这与中国古代的诗歌体裁密不可分。《名贤集》的内容非常庞杂，涉及古代社会、历史、民俗、风情等内容，通过修身、齐家、治国、处世、法律等不同层面讲解人生的哲理与智慧，是古人智慧与经验的结晶。大体而言，它具有以下特点：

在内容上，《名贤集》以儒家思想为主体，凝结了中国古人朴素的人生智慧。在《名贤集》中，很多名言直接取自儒家经典，以

《论语》为例："善与人交，久而敬之。""事要三思，免劳后悔。""敏而好学，不耻下问。""三人同行，必有我师。""人无远虑，必有近忧。""君子坦荡荡，小人常戚戚。""贫而无怨难，富而无骄易。""自古皆有死，民无信不立。"这些话或直接取自《论语》，或稍加改造，都是儒家思想的精华，对于儿童的学习生活、为人处世大有裨益。此外，一些俗语反映出中华民族千百年来勤劳朴实、吃苦耐劳的传统，以及前人对于天地自然、社会生活规律性的认识，也是一份宝贵的精神财富。如"休争闲气，日有平西""老实常在，脱空常败"，体现出古人敦厚质朴的修身之道。"刻薄成家，理无久享""常将有日思无日，莫待无时思有时"，体现出古人目光长远、俭朴谨慎的持家之道。"路遥知马力，日久见人心""酒逢知己千杯少，话不投机半句多"，反映出古人处世的经验与感悟。这些话通俗易懂，看起来平淡无奇，但品味之后又确有真意，对于儿童走好人生之路，具有积极的意义。

在形式上，《名贤集》多为四言、五言、六言、七言的对偶韵文，读起来朗朗上口，也容易背诵记忆。这种对偶的形式符合汉语的特点，能够在背诵中养成良好的语感，为儿童将来深入地学习传统诗词、自如地运用汉语打下良好的基础。

当然，由于《名贤集》是一部选编的作品，并没有经过一流学者的精心打磨，其中也有一些不足之处，需要在阅读中加以注意。

一方面，在《名贤集》中有一些封建迷信、世故消极的内容。如"命强人欺鬼，运衰鬼欺人"等句，过分强调天命、鬼神的作用。至于"耕牛无宿草，仓鼠有余粮。万事分已定，浮生空自忙""金风未动蝉先觉，暗算无常死不知。青山只会明今古，绿水何曾洗是非"这些诗句尽管文字优美，对仗整齐，但也稍显消沉落寞。另一方面，《名贤集》的编纂非出自一人之手，在内容上有一些重复、杂乱的地方，略嫌繁缛。还有一些诗句前后的关联并不明确，需要仔细思考才能领会。对于这些内容，我们在评点中进行了串讲和说解，以期帮助读者准确理解。

总之，《名贤集》是一部整体醇正但不乏瑕疵的童蒙读物，它的阅读难度不在于词句的理解，而在于如何去其糟粕、取其精华地进行选择。我们认为，阅读《名贤集》要参考国学典籍和经典的蒙学读本，把握住其思想的精髓，不要受到极个别糟粕内容的影响。由于《名贤集》版本繁多，且无善本，我们依据坊间通行版本进行译注，在此一并致谢。

四言集

但行好事，莫问前程[①]。
与人方便，自己方便[②]。
善与人交，久而敬之[③]。

【注释】

① 但：只，仅仅。　前程：未来的成就、地位。

② 方便：给予便利和帮助。

③ 出自《论语·公冶长》，是孔子称赞齐国贤大夫晏子的话："晏平仲善与人交，久而敬之。"

【译文】

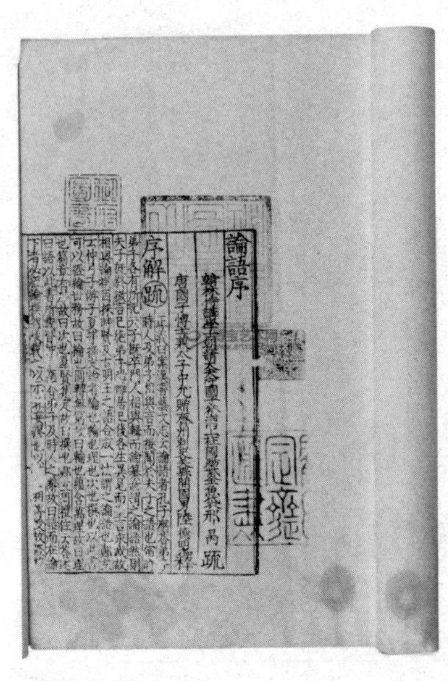

宋本《论语》

只管去做好事，不要问未来前程怎样。

常为别人提供便利，便是为自己打开便利之门。

善于和别人交朋友，交往越久，别人越尊敬他。

【点评】

每个人都关心自己的未来，古人告诉我们，只要多行好事、善事，让当下充满阳光，便不用过多地考虑前程。每个人都希望获得别人的帮助，古人告诉我们，你去尽心尽力地帮助别人，便是在帮助自己。每个人都希望获得朋友的尊敬，而古人告诉我们，在朋友交往中首先要尊敬别人，哪怕是再熟悉不过的老朋友，也要不失敬意。我们看到，这是一种坦荡的生活态度，面对环境，我们无需忧虑、无需期求，只要做好自己、做好当下，自然能影响环境、改造命运。

人贫志短，马瘦毛长。人心似铁，官法如炉①。

【注释】

① 炉：炉火。

【译文】

人贫穷的时候就会缺少志气，像马瘦弱的时候就会显得毛长。哪怕人犯法作乱的心像铁一样坚硬，国法也会像炉火一样把它熔化。

【点评】

“人贫志短，马瘦毛长”比喻人遭遇贫困，难免会显得精神不振。其实，人穷志短是无志者的表现，一个人如果拥有了坚定的信念，具备高远的理想，即使贫穷也可以安然无畏、淡然无忧。孔子曾说：“饭疏食，饮水，曲肱而枕之，乐亦在其中矣。不义而富且贵，于我如浮云。”意思是说吃粗粮，喝白水，弯着胳膊当枕头，乐趣自在其中。用不正当的手段得来的富贵，对于我来讲就像是天上的浮云。孔子说的便是这种境界，这种境界值得我们效法。至于“人心似铁，官法如炉”，这是在告诫人们要知法、守法、敬法，不要胆大妄为，挑战法律。

乐道忘忧的颜回

谏之双美，毁之双伤[1]。赞叹福生，作念祸生[2]。

【注释】

① 谏（jiàn）：提意见，规劝。 毁：毁谤，背后说坏话。

② 作念：起坏的念头。

【译文】

直言批评则双方都有收获，背后毁谤则双方都有损伤。

赞叹别人会带来吉祥福气，起坏的念头会让灾祸来临。

【点评】

历史上最有名的谏臣之一——魏徵

孔子称赞“益者三友”，首先便是“友直”，在人际交往中，真诚坦荡是最重要的品质。看到别人犯了过失，要直言劝告，如果当面不说、背后毁谤的话，两个人都会有损伤。人家损伤的是名誉，你损伤的恐怕就是德行了。对于别人的善心善举，要多加赞叹，通过你由衷的赞叹，把正能量传递出去，自然能带来吉祥。如果总是用负面的眼光看待世界，起一些恶心恶念的话，便是负能量的积累，难免会导致灾祸。

积善之家，必有余庆[1]。积恶之家，必有余殃[2]。

【注释】

① 余庆：留给子孙后辈的福泽。

② 这两句话出自《易经·坤卦》："积善之家，必有余庆。积不善之家，必有余殃。"

【译文】

积德行善的人家，必然会给子孙留下福泽。

积坏行恶的人家，必然会给子孙留下灾祸。

雍正皇帝行书——积善成德

【点评】

父母长辈都想给子孙留下遗产，实际上，一个家庭不断积累的善心、善行，才是留给子孙最好的财产。如果父母热衷公益、乐善好施，通过言传身教，便能够将孩子塑造成一个善良、富有爱心的人。这种人格的养成，会让他们在未来的人生中幸福安宁、从容自得。因此，这种由"积善"带来的"余庆"，才是父母留给子女最好的财富。

休争闲气，日有平西[①]。
来之不善，去之亦易。
人平不语，水平不流[②]。
得荣思辱，处安思危[③]。

【注释】

① 平西：太阳在西方将落。

② 平：心平气和。

③荣：荣誉。　辱：耻辱。

【译文】

不要跟人争执生闲气，连太阳也有日落西山的时候。

不是以正当手段获得的，失去它也会很容易。

人心平气和便不会多说，就如同水面平静便不流动。

得到荣誉时，要想到失去时的耻辱；处在安乐时，要想到危险会随时来临。

【点评】

心平气和是一种很高的境界，对自己的生活有知足心，便能“心平”，对他人的举动有宽容心，便能“气和”。一旦心平气和，便能从容面对人生的障碍与诱惑，在困难面前不自暴自弃，在诱惑面前不随波逐流，在荣誉面前不骄傲自满，在安乐之时不丧失斗志。有了这份修养，就不会跟别人“争闲气”，更不会用“不善”的手段去获取利益了。心平气和，犹如明湖净水，《老子》说“上善若

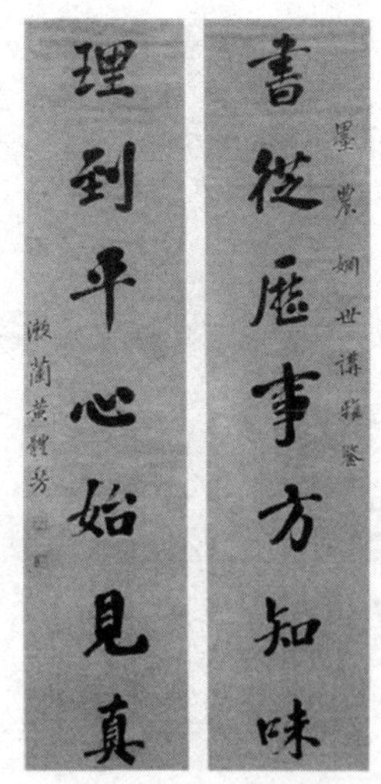

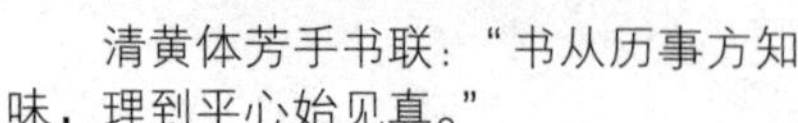
清黄体芳手书联：“书从历事方知味，理到平心始见真。”

雍正手书联：“琴有涧风声转澹，心如止水鑑常明。”

水，水善利万物而不争”，意思是大善的人像水一样，水善于滋润万物却不与万物相争，说的便是这种境界。

羊羔虽美，众口难调①。事要三思，免劳后悔②。

【注释】

① 羊羔：小羊，这里指小羊的肉。 调：适合，调合。

② 出自《论语·公冶长》：“季文子三思而后行。”三思，反复思考。

【译文】

羊羔肉虽然味道鲜美，但也难以适合每个人的口味。

遇到事情要反复思考利弊得失，以免事后悔恨烦恼。

三思而后行的季文子

【点评】

每个人的口味不同，很难有一道佳肴让人人满意。为人处世也是一样，难免会遭到意想不到的非议。正因如此，在生活中要小心慎重，避免因冲动做出让自己后悔的事情。

太子入学，庶民同例①。官至一品，万法依条②。

【注释】

① 庶（shù）民：平民百姓。 例：规章，条例。

② 一品：封建社会中官品的最高一级。　条：规章，条例。

【译文】

清朝一品文官官服前的仙鹤补子，一品岁俸为180两。

太子上学入校，也要和平民百姓一样按规章办事。

即使官位做到最高，也要遵守国家各项法规和条例。

【点评】

中国古代还有一句与此类似的俗语：王子犯法，与庶民同罚。法律面前人人平等。在京剧《铡美案》中，包公不管陈世美是皇亲国戚，因为他犯法了，毅然将其处死。尽管这个故事是虚构的，但数百年来传唱不息，由此足以看出中国人对于公平正义的热切追求。

得之有本，失之无本①。
凡事从实，积福自厚②。
无功受禄，寝食不安③。

【注释】

① 本：树根。这里指行为所依据的事理。

② 厚：富裕，殷实。

③ 禄（lù）：古代官吏的薪俸。这里指好处。　寝（qǐn）：睡觉。

【译文】

得到了是因为按事理做事，丢掉了是因为没有按事理做事。

做任何事情都要讲究实事求是，那么积累的福德自然能够殷实。

没有功劳却接受好处，吃饭睡觉都会感到不踏实。

【点评】

《论语》中说“君子务本，本立而道生”，一切学问、事业上的成就，都建立在扎实的根基之上。根基牢靠，则能茁壮生长；根基不稳，难免迅速凋零。而这份根基，正是实事求是的心态。无论是读书做事，都不能浮夸躁动，而是要一步一个脚印，脚踏实地去积累，这样才能取得最终的成就。如果没有付出努力，却得到了表面上的“成就”，则会让人心里很不踏实，寝食难安。民间有句俗语叫“无功不受禄”，意思是没有功劳就不能收人钱财。其实，帮人做事也不能随便“受禄”，如果说做了好事一定要收取回报的话，那是急功近利的小人行为。在《论语》中，颜回说自己的理想是“无施劳”，意思是帮人做事付出辛劳，但丝毫不求回报，这才是君子的境界。

清末著名思想家薛福成故居——务本堂，内有联语“每临大事有静气，不信今时无古贤”。

财高气壮，势大欺人[1]。
言多语失，食多伤心。
送朋友酒，日食三餐。
酒要少吃，事要多知[2]。

【注释】

① 势：势力。

② 吃：喝。

【译文】

有钱人说话底气壮，势力大就会欺负人。

话说多了一定有说错的地方，饭吃多了一定会损害身体。

送别朋友时才喝酒，每天按时吃三顿饭。

酒要少喝，事情懂得越多越好。

【点评】

清代著名学者桂馥手书——慎言

孔子提倡“慎言”“慎行”，提倡做人要有一种高度的自制。做事情要低调内敛，不要仗着财高势大，随便欺负别人；说话也要格外谨慎，不经过思考便随意发表意见，这样很容易伤害别人，带来不好的影响。不仅说话做事要谨慎，日常饮食也是如此。要规律饮食，一日三餐，尽量不要喝酒，以免无谓地损害健康。

相争告人，万种无益[1]。礼下于人，必有所求。

【注释】

① 万种：各种各样。

【译文】

发生争执告发别人，一点儿好处也没有。

降低身份礼敬待人，一定是要求助于别人。

【点评】

在人和人的交往中，难免发生矛盾。面对矛盾，要率先反省自己，不要把责任一股脑都推到别人身上，然后漫无边际地去发牢骚。这样做只会加剧矛盾，无法解决问题。

表现“鹬蚌相争”故事的石雕

敏而好学，不耻下问[1]。居必择邻，交必良友。

【注释】

① 出自《论语·公冶长》：“敏而好学，不耻下问，是以谓之‘文’也。”敏，聪明。

【译文】

聪明而又好学，不以向不如自己的人请教而感到羞耻。

明代仇英绘《孟母三迁图》，表现了孟母为教育孟子择邻而居的故事。

居住一定要选择好的邻居，交朋友必须结交好人。

【点评】

每个人都有自己人生的局限，所谓修身，便是不断突破自我局限的过程。因此，一个有志于提升自我境界的人，一定是一个勤勉好学的人，他要在古圣先贤的教诲中，升华自己的思想与人格。与此同时，他也一定是一个谦虚好问的人，在“良友善邻”的切磋琢磨中，改正缺点，吸取长处，修身立德，从而推动自己不断前行。

顺天者存，逆天者亡①。
人为财死，鸟为食亡。
得人一牛，还人一马。
老实常在，脱空常败②。

【注释】

① 天：天道，即自然规律。

② 脱空：虚假不实。

【译文】

顺应自然规律的人就能生存，违背自然规律的人则会灭亡。
人因为贪财而丧命，鸟因为贪食而死亡。
得到人家一头牛，至少应该还给人家一匹马。

做人老实能常保平安，做事虚假则往往失败。

和珅像

和珅是中国历史上著名的贪官之一，后被嘉庆皇帝抄没所有家产。

【点评】

在中国传统文化中，“天”不仅指上苍、神灵，更指与我们息息相关的大自然。人类是大自然的子女，不能违背自然的规律，更不应该胆大妄为地破坏自然，否则必将尝到苦果，这便是“顺天者存，逆天者亡”的深意所在。至于做人也是如此，不能违背社会中的基本规律，即做人要老实厚道，脚踏实地。如果违背这一规律，虚假侥幸，必然要遭到“常败”的命运。

三人同行，必有我师①。

【注释】

① 出自《论语·述而》：“三人行，必有我师焉。”

【译文】

几个人同行，其中一定有可以做我的老师的人。

【点评】

“三人行，必有我师”出自《论语》，后面还有一句话：“择其善者而从之，其不善者而改之。”意思是善于学习的人能把所有人都当作自己的老师，吸收其优点，改正其过失，取长补短，海纳百川。

韩愈像

韩愈，字退之。唐朝文学家、思想家、政治家。曾作《师说》以提倡“师道”。

这是孔子宽广的立世心态，值得我们认真学习。

人无远虑，必有近忧[①]。

【注释】

① 出自《论语·卫灵公》："子曰：人无远虑，必有近忧。"

【译文】

一个人如果没有长远的打算，必定要有眼前的忧患。

【点评】

"人无远虑，必有近忧"，是孔子另一句充满智慧的人生警语，它告诉我们做人要未雨绸缪，要有远大的规划和思考，从而走好人生中的每一步路。

寸心不昧，万法皆明[①]。
明中施舍，暗里填还。
人间私语，天闻若雷。
暗室亏心，神目如电[②]。
肚里跷蹊，神道先知[③]。

【注释】

① 昧（mèi）：糊涂，迷惑。　法：指为人处世的方式方法。

② 暗室：幽暗的内室，指别人看不见的地方。

③ 跷蹊（qiāo qī）：奇怪，这里指做坏事。

【译文】

只要不违背自己的良心，做任何事情都会正大光明。

明处施舍别人做好事，老天会在暗处进行偿还。

人间的窃窃私语，在老天听来就像雷声一样。

背地里做了亏心事，神明的眼睛如同电光一样看得见。

肚子里存了坏心，神明也都会事先知道。

【点评】

这几句话说的是人不要随意作恶，别以为暗地里做坏事没人知道，其实神灵早已看在眼里了，所谓“人在做，天在看”。这些话看起来有些迷信，但对那些恶人来说，却有发聋振聩的警告力。所谓“善有善报，恶有恶报”，人做了坏事，一定逃不出国家法律的制裁，这也是“神目如电”的现实意义吧。

杨震后人为纪念他以“四知”即“天知”“神知”“我知”“子知”拒收贿赂的故事，以“四知”做堂号。

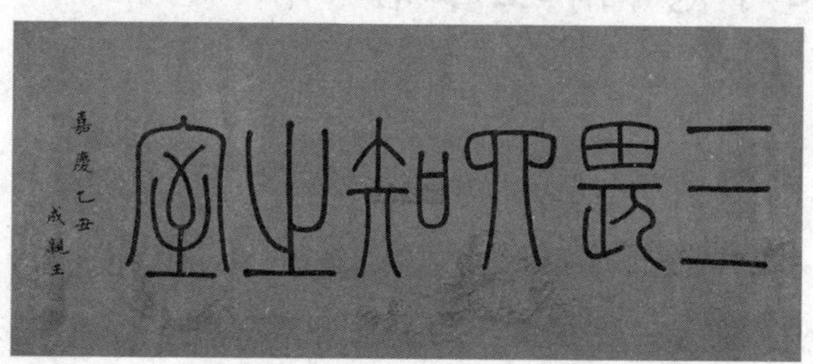

清成亲王爱新觉罗·永瑆篆书“三畏四知之室”，三畏指“畏天命”“畏大人”“畏圣人之言”。

人离乡贱，物离乡贵。

【译文】

人一旦离开家乡就会变得低贱，物产离开产地反而变得贵重。

【点评】

中国古人不主张轻易离开故乡，因此有“人离乡贱”的说法。认为人离开故乡之后，举目无亲，很难取得事业上的成就。而“物以稀为贵”，货物只有卖到远方，价钱才会更高。事实上，好男儿志在四方，在全球化的今天，年轻人无妨多出去闯荡闯荡，拓宽眼界，在陌生的环境中磨炼自己，这对未来的发展是非常有益的。

表现古代农耕生活的画像砖。正是农耕文明造就了古人“安土重迁”的思想。

杀人可恕，情理难容[①]。

【注释】

① 恕：饶恕，宽恕。

【译文】

杀了人就算法律可以饶恕，但在情理的层面却难以宽容。

【点评】

“杀人可恕，情理难容”，强调的是对生命的尊重。每个人的生命只有一次，如果杀了人、戕害了别人的生命，即使是因为误伤而被法律所赦免，你也难以躲避内心的愧疚与不安——和任何事物相比，生命都是最宝贵的！在现代社会中，我们也可以把这个道理类推，由爱护人类的生命，拓展到爱护动物、爱护植物、爱护地球上的每一个生命——这种爱心的拓展，也是儒家“推己及人”的仁道所在。

汉高祖刘邦像

刘邦进入关中，曾约法三章：“杀人者死，伤人及盗抵罪。”

人欲可断，天理可循①。心要忠恕，意要诚实②。

【注释】

① 断：戒除。 天理：天道，自然法则。出自《朱子语类》：“存天理，灭人欲。”

② 忠恕：儒家的伦理规范，忠指的是尽心为人，恕指的是“己所不欲，勿施于人”。《论语·里仁》：“夫子之道，忠恕而已矣。”

【译文】

人的私欲可以戒除，天的规律应该遵循。心地要忠诚宽厚，待人要诚心实意。

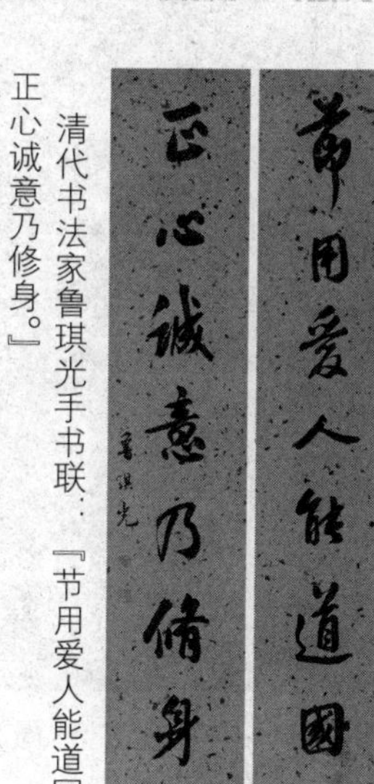

清代书法家鲁琪光手书联：『节用爱人能道国，正心诚意乃修身。』

【点评】

宋明理学将“人欲”和“天理”对立起来，认为要“存天理，灭人欲”，断除人的欲望。实际上，人的欲望是无法断除的，只能对其进行调节——自我的欲望不要妨害别人的利益，不要为了欲望而丧失道德，这才是“天理”之所在。因此，儒家强调忠恕之道，这也是孔子仁道的精华。认为人和人之间要互相感通、互相体谅，用自己的真心去关怀身边的每一个人。只有这样，才不会被私欲所束缚，才有可能上升到“天理”的高度。

狎昵恶少，久必受累①。屈志老成，急可相依②。

明代著名书画家沈周绘《携琴访友图》

【注释】

① 狎（xiá）昵：态度不庄重，这里指品行不端。 累：连累，拖累。

② 屈志：抑制自己的意愿想法，这里指能够承受委屈。 老成：稳重。

【译文】

与品行不端的公子恶少交往，时间久了定会受到连累。

要结交那些能够承受委屈的稳重人，在危急时刻可以依靠。

【点评】

人生是一个不断选择的过程，其中一个重要的选择就是交友。好朋友能与你共同进步，坏朋友却能让你染上种种毛病。

因此，要远离那些品行不端的公子哥，跟他们接触久了，只能变得空虚浮躁、骄奢无知；要结交那些稳重厚道的人，他们能在困境中向你伸出友谊之手，成为你生命中的重要依托。

施惠无念，受恩莫忘[①]。
勿营华屋，勿谋良田[②]。

【注释】

① 惠：恩惠。

② 营：经营，营造　谋：谋求。

【译文】

施与人恩惠不要总是念叨，接受别人的恩惠则要铭记不忘。

不要总想着营造华美的房屋，不要总是谋求上好的田地。

【点评】

做人要怀抱一颗感恩的心，它能让你时时活在幸福与安宁之中。当你接受别人的恩惠时，要记在心上；而当你帮助别人的时候，要心态淡然，不求回报。做人还要有高远的志向，要想着你对于社会、对于别人有怎样的意义，不要局限于现实的生活，只知道追求眼前的利益。

明代李在、马轼等绘《归去来兮图》，表现了陶渊明归隐园田、不慕名利的高风亮节。

祖宗岁远，祭祀宜诚。
子孙虽愚，诗书宜读[①]。
刻薄成家，理无久享[②]。

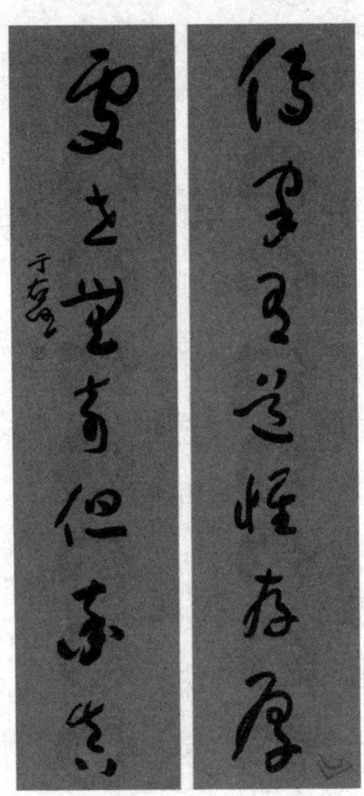

于右任手书："传家有道惟存厚，处世无奇但率真。"

【注释】

① 诗书：泛指儒家经典。

② 刻薄：过分苛求。 享（gū）：固定，牢靠。

【译文】

列祖列宗离开后人虽已久远，但祭祀的时候还是要诚心诚意。

子孙后辈即使愚笨，但儒家的经典还是要认真阅读。

依靠严苛冷酷的手段成就的家业，依天理一定不能牢靠长久。

【点评】

中华民族是一个注重传承的民族，在对祖先的追思与怀念中，我们的思想与情感沉潜下来，从而获得一种生命的厚重。追思祖先，莫过于继承他们的道德与精神，一是要学习传统文化中的经典著作，积累学养；二是要厚道做人，勤俭持家。只有这样，才是真正意义上的敬祖尊宗。

五言集

黄金浮世在，白发故人稀[1]。
多金非为贵，安乐值钱多。

【注释】

① 浮世：人世。古时认为世事浮沉不定，所以称人世为“浮世”。

【译文】

黄金在人世中到处都有，白发的老朋友却为数不多。

再多的钱财也不足为贵，平安快乐才是最值钱的。

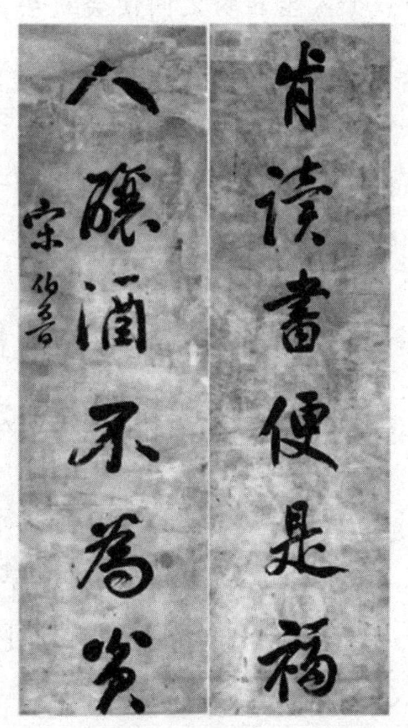

宋伯鲁手书联语：“人酿酒不为贫，肯读书便是福。”

【点评】

黄金有价，情义无价。在人的一生中，获得利益的机会很多，能够相伴到老的知心朋友却很少。所以，我们要珍惜那些志同道合的好朋友，珍惜那些平安快乐的时光，而不要把时间都用在赚钱谋利上。孔子说：“君子喻于义，小人喻于利。”说的是真正的君子看重人与人之间的情义，而不会贪恋金钱，执著于利益。

休争三寸气，白了少年头[1]。百年随时过，万事转头空[2]。

【注释】

① 三寸：指人的舌头。三寸气即“一口气”。

② 百年：泛指人的一生。

【译文】

不要因为口舌之争而浪费时间，使年轻人的头发都白了。

人生转瞬之间便会过去，回头看一切事情都是虚空。

【点评】

口舌之争，耗气伤神，不如沉潜下来踏踏实实做事，时间久了，自然是非分明。毕竟人生短暂，有智慧的人善于把握人生，让有限的生命活出精彩，活得有意义。不要临终时感叹虚度了此生。

耕牛无宿草，仓鼠有余粮[1]。万事分已定，浮生空自忙[2]。

【注释】

① 宿草：存留过夜的草料。

② 分（fèn）：上天定下的本分。 浮生：人生。

【译文】

辛劳的耕牛没有过夜的草料，粮仓的老鼠却有吃不完的粮食。

万事万物上天已经安排妥当，一生的努力不过是白白忙碌。

【点评】

在古人看来，世间有很多不公平的事情。面对种种不公，他们劝慰自己，这都是命运的安排。毫无疑问，这种消极的人生态度是不妥当的。人应当积极地面对人生，把命运掌握在自己的手中。贝多芬耳聋之后，豪迈地说道：“我要扼住命运的咽喉！”这种态度才是值得我们效法的。

结有德之朋，绝无义之友。常怀克己心，法度要谨守①。

【注释】

① 克己：克制私欲，严以律己。 法度：法律制度。

【译文】

要结交有道德的朋友，断绝不讲道义的朋友。

要经常怀着克制私欲的心，对于法律制度要严谨地遵守。

【点评】

孔子曾经说过“无友不如己者”，意思是不要和不如自己的人交朋友。这种态度并非势利，而是高度看重结交朋友的意义——君子交友，是为了向他们充分学习，和他们真诚地切磋交流，从而提高

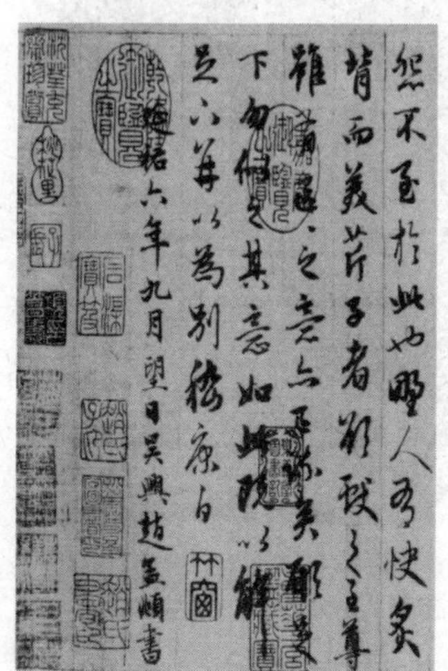

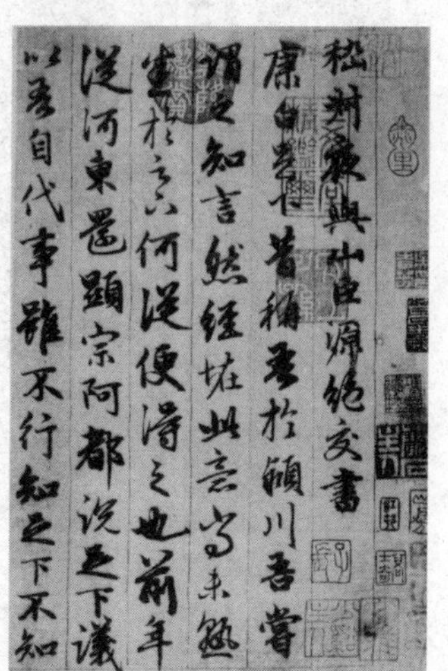

元代著名画家、楷书四大家之一赵孟頫手书《嵇叔夜与山巨源绝交书》

自己的人生境界。因此，要结交有道德的益友，断绝不讲道义的损友。除此之外，在做人做事的时候要克制自己的私欲、遵守国家的法律，这种谨慎的修身态度和儒家的交友之道是一致的。

君子坦荡荡，小人常戚戚[①]。见事知长短，人面识高低。

【注释】

① 出自《论语·述而》：“君子坦荡荡，小人常戚戚。”戚戚，忧惧的样子。

【译文】

君子胸怀宽广坦荡，小人经常恐惧忧虑。

遇事能分清优劣是非，看人能看出德才高下。

清代郑板桥绘《四君子图》

“梅兰竹菊”为“花中四君子”，古人以梅兰竹菊象征君子应有的高洁品质。

【点评】

君子和小人的区别是非常明显的，一个重要的区别就是：君子襟怀坦荡，内心安稳；而小人心胸狭窄，总处在紧张与不安之中。每个人都希望坦荡地活着，问题在于，如何获得内心的坦然呢？古人指出，要不断地反思自己的言行是否符合道义，当你的一举一动不悖于道义时，自然便能坦荡无畏。所谓“见事知长短，人面识高低”，君子在为人处世、待人接物中的观察考量，也是以道义为标杆的。

心高遮甚事，地高偃水流①。
水深流去慢，贵人语话迟。
道高龙虎伏，德重鬼神钦②。
人高谈今古，物高价出头。

【注释】

① 遮：拦住，阻挡。　甚事：指特别不好的事。甚，极度。偃（yǎn）：停止。

② 道：道行，道术。　钦：钦佩。

【译文】

心志高能阻挡祸事发生，就像地势高可以阻止水往下流。

水道深水流得就慢，尊贵的人说话沉稳。

道行高超能够降龙伏虎，道德高尚连鬼神都会钦佩。

人的才学高可以谈论今古，物品质量高价格就比别的高。

【点评】

古人重视修身，强调自我修养的重要性。一方面，一个人要谦虚立世，把心气放低、放平，这样才能有实实在在的收获。也不要随便说话，无妨想好了再开口，以免言多必失。另一方面，人更要积累才学，增加自己的德行与能力。龙虎、鬼神都是让人畏惧的，如果道行高超、品德高尚，连它们都会敬重你。一个人在社会上，想要获得别人的尊重，就必须不断地充实自己、提升自己，增进自己的德行与能力。这就像货物一样，产品质量好，自然会有好价钱。

明代唐寅绘《秋山高士图》（局部）。高士指的是高洁出俗之士，多指隐士。

休倚时来势，提防时去年[①]。
藤萝绕树生，树倒藤萝死[②]。
官满如花谢，势败奴欺主[③]。
命强人欺鬼，运衰鬼欺人。

【注释】

① 倚：依靠。　时：时运、运气。

② 藤萝：紫藤的通称。

③ 官满：官期任满。

【译文】

不要依靠运气好时的气势，要小心运气离开的年月。

这就像藤萝绕着大树向上生长，一旦树倒藤萝也就死掉。

官期结束就如同花朵凋谢，势力衰败连奴仆也会欺负主人。

命运强盛时人可以压住鬼，命运衰败鬼便来欺负人。

【点评】

枝虬盘曲的藤萝依附栎树生长

人有的时候会走运，做什么事情都如有神助；也会时运不济，命途多舛。运气是那样的变幻无常，因此古人认为，运气是极不可靠的，它会随时来临，也会随时离开我们。人不要依赖运气，只能靠自己扎扎实实的努力奋进。有的人不靠运气，但总要在社会上寻求一个“靠山”。但古人说，任何靠山都是“靠”不住的，你看那藤萝绕着大树向上攀爬，看似生长得很快，可一旦大树倒掉，藤萝不也就迅速枯萎了吗？

但得一步地，何须不为人[①]。人无千日好，花无百日红。人有十年壮，鬼神不敢傍[②]。

【注释】

① 一步地：这里指立足之地。　为人：这里指宽容待人。

② 傍（bàng）：靠近。

【译文】

只要有一步长短的立足之地，为什么不宽容忍让地对待别人。

人的运气不会好过千日，就像美丽的花儿难以红过百天。

人这辈子只要有十年的盛壮，鬼神都不敢靠近。

【点评】

人总有运气差的时候；花儿迟早有一天会凋谢。这个事实告诉我们，青春短暂，因此要趁着年轻努力作为。另外，个人的鼎盛时期也不会太久，因此要在顺境中积德行善、宽容待人，为将来的人生留下充分的发展余地。

厨中有剩饭，路上有饥人。

【译文】

厨房中有剩饭，而道路上还有饥饿的人。

【点评】

杜甫在诗中写道："朱门酒肉臭，路有冻死骨。"在这个世界上，还有很多忍受饥饿和其他种种不幸的人。如果我们能享有富足安定的生活，不要忘记有人还在承受贫穷和痛苦的折磨。对于那些不幸的人，我们要怀抱一颗仁爱、宽容的心，给予他们真诚的理解与关怀。俗话说，善有善报。我们也会因此得到回报。

饶人不是痴，过后得便宜①。
量小非君子，无度不丈夫②。
路遥知马力，日久见人心③。
长存君子道，须有称心时。

【注释】

① 饶：宽恕。 痴：傻。

② 度：度量。

③ 这句话出自南宋陈元靓《事林广记·结交警语》。

【译文】

宽恕别人不是犯傻，事后自己一定会得到好处。

心胸狭小不是君子所为，缺乏度量称不上大丈夫。

路程遥远才能看出马的脚力，日子长了才能看出人心善恶。

要长久地坚持君子待人处世的态度，总会有称心如意的时候。

【点评】

中国人赞赏别人，往往会说他是一个“大丈夫”！那么，什么是大丈夫的标准呢？首先，“大丈夫”是心胸宽广的人，俗语中常说“无毒不丈夫”，其实是“无度不丈夫”的讹传。一个人心胸广阔，海纳百川，能够包容别

齐桓公雕像

齐桓公小白在回鲁国争位时被管仲射中，但他不计前嫌，仍任管仲为相，终成一代霸业。

人的缺点，也能够承担各种委屈，这才无愧于“大丈夫”这三个字。其次，大丈夫是守志有恒的人，他拥有一种长远的眼光，不仅衡量一时一事的得失利弊，更能立足长远、高瞻远瞩，看到真正的“马力”与“人心”。最后，大丈夫是有着坚定道德操守的人，君子人格是大丈夫精神的底色。

雁飞不到处，人被名利牵。

【译文】

大雁飞不到的地方，人却总被名利牵着去冒险。

被称为古今第一大隐士的陶渊明，曾有“不为五斗米折腰”的名言。

【点评】

名利是什么？它无非是人的欲望。人在生命的各个阶段中，都难免会被欲望所困扰。正如德国哲人叔本华所言，人是一团幽暗的欲望，当欲望不能满足时，便会痛苦；当欲望得到满足之后，又会无聊。如何摆脱这种存在的窘境呢？还是要靠理想！一个人树立了君子的理想，立志要成为顶天立地的大丈夫，这种精神气概就会把他从现实的欲望追求中超脱出来，从而达到高远的人生境界。

地有三江水，人无四海心。
有钱善使用，死后一场空。
为仁不富矣，为富不仁矣①。

【注释】

① 出自《孟子·滕文公上》，阳虎说："为富不仁矣，为仁不富矣。"

【译文】

大地广阔，能容下宽广的江河水，而人却没有包容四海的胸怀。

有钱要花到正地方，否则死后什么都带不走。

仁爱慈悲的人富不起来，而富人很难做到仁爱慈悲。

【点评】

"三才者，天地人"，在古人心中，人和天地并重。因此，我们也要效法天地，感悟天地的境界与器量。如果一个人具有了广阔的胸怀，他就能正确地对待财富——把钱花到正地方，用来扶危济困，这样的话，富人也能成为一个"仁者"。

乐善好施被古人认为是重要的美德之一，图为古代奖倡这一美德的石坊和牌匾。

君子喻于义，小人喻于利[①]。贫而无怨难，富而无骄易[②]。

【注释】

① 出自《论语·里仁》。喻，明白。

② 出自《论语·宪问》。

【译文】

君子明白道义上的是非，而小人只明白利益上的得失。

贫困时没有怨恨很难，富贵时要做到不骄横比较容易。

【点评】

君子和小人的区别，在于他们思想的立足点不同：君子立足于道义，小人立足于利益。这决定了他们面对人生境遇时的不同境界。君子在贫困之中安然无怨，小人则会违背做人的底线，无所不为；君子在富贵之中安之若素，谦和待人，小人则会骄奢淫逸，傲慢无礼。人在道义和利益之间的抉择，其实便决定了他的精神高度，实在不可以不慎重啊！

百年还在命，半点不由人。在家敬父母，何须远烧香？家和贫也好，不义富如何？

【译文】

人生百年各种事情都是命运安排，一点也由不得人做主。

在家便能够孝敬父母，何必到远处烧香拜神？

家庭和睦即使贫穷也是快乐的，如果违背了道义即使富裕又能怎样？

【点评】

古人有时会消极地认为，人生匆匆百年，各种事情都是命运的安排，由不得人来自主。实际上，这种消极的心态完全可以转化为一种积极的人生立场——既然外在的利益、成就难以自主，那就不必为它过于执著，而要想着如何做好一个有修养的人的本分。在家孝顺父母，在道义面前不苟求富贵，这些事情都是我们能够“自主”的，不能够放任自流。

晴干开水道，须防暴雨时[①]。
寒门生贵子，白屋出公卿[②]。
将相本无种，男儿当自强[③]。

【注释】

① 干：干燥。　水道：排水沟。

② 寒门：贫寒的人家。　白屋：不加修饰的房屋，这里指穷人住的房子。　公卿：三公九卿，泛指高官。

③ 出自《史记·陈涉世家》：“王侯将相，宁有种乎？”

【译文】

晴天地干应该开凿水沟，须要防备下暴雨的时候。

贫寒人家也能生出有出息的孩子，百姓家也常常出高官。

王侯将相本来就不是天生的，所以男子汉应当奋发图强。

秦末农民起义领袖陈胜提出“王侯将相，宁有种乎”的口号。图为陈胜之墓，位于今河南永城芒砀山。

【点评】

一个人的出身对他的成长固然有着重要的影响，但出身绝不是人生的决定因素。在中国历史上，多少寒门子弟通过自己的奋发图强，取得了伟大的成就，这就是所谓的“寒门生贵子，白屋出公卿”。因此，人不要过多在意先天的家庭条件，而要把精力放在后天的个人努力上。

欲要夫子行，无可一日清①。
三千徒众立，七十二贤人②。
成人不自在，自在不成人③。

【注释】

①夫子：这里指孔子。 行：品行修养。 清：清闲。

②徒：弟子。出自《史记·孔子世家》：“孔子以诗书礼乐教，弟子盖三千也焉，身通六艺者七十有二人。”

③ 成人：成才。

位于福建省福州文庙的孔子弟子七十二贤人青石像

【译文】

想要学到孔子的高尚德行，便不能有一天的清闲自在。

孔子弟子很多，号称三千弟子，其中有七十二位贤人。

想要成才就不能自在安逸，自在安逸一定成不了才。

【点评】

孔子弟子众多，其中贤能的有七十二人，很多人都名垂青史。如果你羡慕孔子的成就，一定要明白，他的伟大成就来自辛勤不懈的修养和孜孜不倦的努力，而不是在安逸的生活中唾手可得。“成人不自在，自在不成人”，任何人想要有所成就，都要先明白这个道理。

国正天心顺，官清民自安[①]。妻贤夫祸少，子孝父心宽。

【注释】

① 天心：天意。

【译文】

国家走正道，天意就和顺，自然灾害少；官员清廉，老百姓自然会生活安定。

妻子贤惠，丈夫就会少遭灾祸；子女孝顺，父母就会心宽气和。

【点评】

在古人看来，国家能否长治久安，不仅依靠风调雨顺，更要看国家是否走正道，仁政爱民；看国家中的官员是否清廉律己、兢兢业业。一个家庭能否幸福安康，不仅看家庭中的财富积累，更要看妻子是否温柔贤惠、相夫教子，子女是否孝顺父母、努力进步。总之，国家的前途也罢、家族的命运也好，都要靠人自身不懈的努力，在一点一滴的奋斗中创造未来。

清廷赐给扬州知府施世纶的“天下第一清官”匾

白云朝朝过，青天日日闲。
自家无运至，却怨世界难①。

【注释】

① 世界：世道。

【译文】

白云每天从天上飘过，蓝天每日都那么清闲。

自己的好运气没有来临，却埋怨世道和我为难。

【点评】

作者强调人的一生是命运的安排，主张人要“认命”，在好运没有来临的时候，不要随便埋怨世道。这实际上是一种消极的态度，并不可取。命运掌控在自己手中，要反思自己是否用心、是否尽力，这样才能不断前进，才能摆脱“命运”的束缚。

有钱能解语，无钱语不听①。
时间风火性，烧了岁寒衣②。
人生不满百，常怀千岁忧③。

【注释】

① 解语：领会你说的话。

② 风火性：像风火一样迅速。 岁寒衣：旧时有在阴历十月初一给死人烧过冬衣服的习俗称“送寒衣”。

③ 出自东汉《古诗十九首》：“生年不满百，常怀千岁忧。”

【译文】

有钱的时候你说话别人就能理解，没钱的时候你怎么说也没人听。

时光像风火一样转瞬即逝，转眼间又到年尾了。

人生很难活到百岁，却总为遥远的将来担忧。

【点评】

这几句话的意思都比较消极，首句说的是人间势利，也就是所谓“有钱能使鬼推磨，一分钱难倒英雄汉”。后两句说的是人生短暂，生死存亡只在转瞬之间，不必计较担忧，过好当下就可以了。实际上，“人无远虑，必有近忧”，历史上的圣贤们往往都是怀抱远虑，具有一种对于人类前途的忧患意识，只有这样，个人才能够具有高远境界，社会才能够不断前进。

来说是非者，便是是非人。
积善有善报，积恶有恶报。
报应有早晚，祸福自不错。

【译文】

来说别人坏话的人，其实就是搬弄是非的人。

经常做善事会有好报，经常做恶事会有恶报。

报应或早或晚，但祸福的因果不会有错。

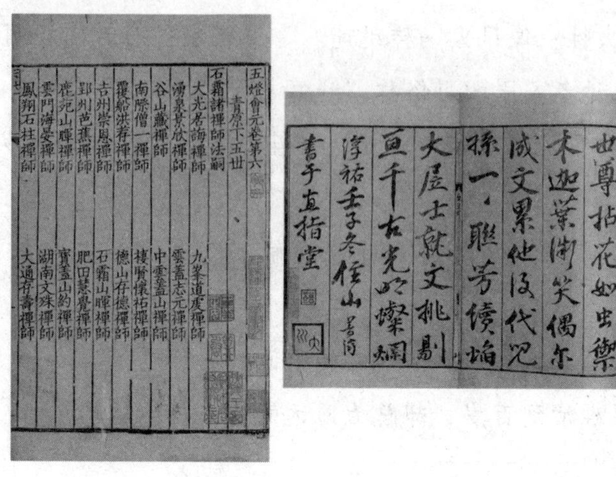

五燈會元卷第六
青原下五世
石霜諸禪師法嗣
大光居誨禪師　九峯道虔禪師
涌泉景欣禪師　雲蓋志元禪師
谷山藏禪師　中雲蓋山禪師
南際僧一禪師　棲賢懷祐禪師
覆船洪荐禪師　德山存德禪師
吉州崇恩禪師　石霜山暉禪師
郢州芭蕉禪師　肥田慧覺禪師
鹿苑山暉禪師　寶蓋山約禪師
雲門海晏禪師　湖南文殊禪師
鳳翔石柱禪師　大通存壽禪師

世尊拈花如虫禦
木迦葉微笑偶尔
成文累他後代兒
孫一一聯芳續焰
大居士就文挑剔
亘千古光明燦爛
淳祐壬子冬住山普济
書于直指堂

宋代高僧释普济撰中国佛教禅宗史书《五灯会元》书影

【点评】

佛家讲“因果报应”，认为善有善报、恶有恶报，不是不报，时候不到。这种思想中蕴含着一个重要的理念，就是人不要随便作恶，有些恶人看似能侥幸逃脱，实际上只是时机未到。世间凡是损人利己、为非作歹的坏人，没有谁能逃脱天道和国法的惩罚。

花有重开日，人无常少年。

【译文】

花儿凋谢了还有再度开放的日子，人却不能总保持青春年华。

【点评】

青春年华一去不复返，时间宝贵，我们难免有拖沓的毛病，总想把学习、工作的事情放到“明天再做”。殊不知，“明日复明日，明日何其多。我生待明日，万事成蹉跎”。人生就是在这种不经意间的放纵安逸中悄然流逝的。因此，我们要珍惜时间，积极努力，不要“少壮不努力，老大徒伤悲”。

人无害虎心，虎有伤人意。上山擒虎易，开口告人难[1]。

【注释】

① 告人：求人。

【译文】

人没有伤害老虎的想法，老虎却有吃人的心思。

进山里捉老虎容易，开口向人求助却很难。

【点评】

这句话讲的是在处理人际关系时要格外谨慎。在人生中，并非所有的环境都是一帆风顺的，你会遇到无私帮助你的君子，也难免碰到险恶的小人。因此，为人处世要小心谨慎，不要因为自己的大意而导致不必要的麻烦。当你想向别人寻求帮助时，也要考虑清楚了再开口。有时候，求人办事的难度，还真不亚于上山捕捉猛虎。

忠臣不怕死，怕死不忠臣。

【译文】

忠臣不惧怕死亡，惧怕死亡的便不是忠臣。

【点评】

在历史上，有很多赤胆忠心的臣子，为了国家社稷付出了自己宝贵的生命。忠臣“不怕死”，他们在国家大义面前，可以坦然放弃自己的生命。这些人是中国历史的脊梁，尽管他们的生命

明代佚名绘岳飞像

岳飞曾有“文臣不爱钱，武臣不惜死，天下太平矣”的名言。

过早逝去，但他们的精神却留在了青史之上。

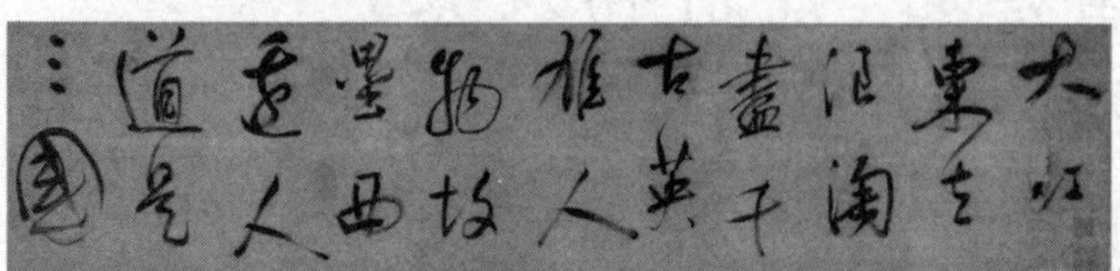

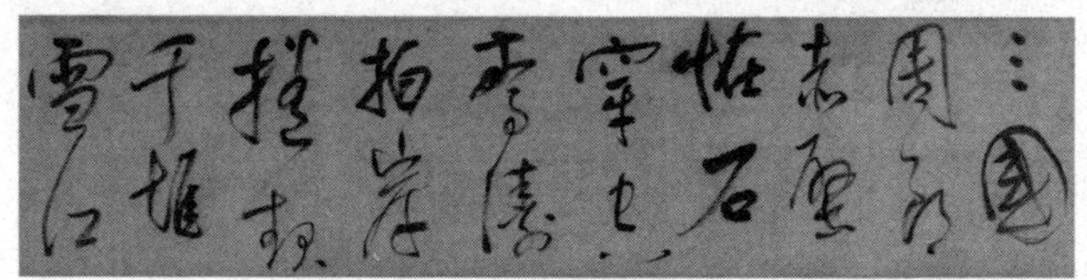

明代董其昌书法：苏轼《念奴娇·赤壁怀古》（局部），里面有“大江东去，浪淘尽，千古风流人物”的名句，说的是千古以来的“风流人物”和他们的英雄业绩如同滚滚东去的长江水一样成为历史陈迹，以此慨叹时光的流逝。

从前多少事，过去一场空。满怀心腹事，尽在不言中。

【译文】

无论从前发生了多少事，过去以后都是一片虚空。

揣着满肚子的心事，就在沉默中心领神会吧。

【点评】

每个人都有自己的往事，有风光，也有辛酸，但往事如烟，何必多言，倒不如积极地把握人生、活好当下。所谓“好汉不提当年勇”，这实际上是一种积极进取的人生态度！每个人都有自己的心事，甚至是难言之隐，但说出来就能得到解决吗？也许还会招来新的麻烦，倒不如闭口不言——这种态度和古人强调的“慎言”是密不可分的。

既在矮檐下，怎敢不低头？家贫知孝子，国乱识忠臣。

位于安徽歙县县城西10多里的鲍灿孝行坊，建于明嘉靖初年，牌坊额题“旌表孝行赠兵部右侍郎鲍灿”。据《歙县志》记载：鲍灿读书通达，不求仕进，其母两脚病疽，延医多年无效。鲍灿事母，持续吮吸老母双脚血脓，终至痊愈。其孝行感动乡里，经请旨建造此坊。因鲍灿曾孙鲍象贤是工部尚书，故赠兵部右侍郎衔。

【译文】

既然在低矮的屋檐下，怎么能不低下头呢？

家庭贫穷能考验孩子是否孝顺，国家危难能识别谁是忠臣。

【点评】

在艰难困苦中，最能看出一个人的品质。当一个人面对强大的压力时，难免要低下头来，委曲求全，而这正是考验一个人的坚贞、磨砺人的意志的大好时机。能否把压力转化为动力，是强者和弱者之间的重要区别。

凡是登途者，都是福薄人[1]。
须受苦中苦，方为人上人。

元代王冕绘《南枝春早图》

此幅墨梅老干新枝，昂扬向上，豪放不羁，尽显梅花的劲峭冷香、丰韵傲骨。

【注释】

① 登途者：泛指出外谋生的人。

【译文】

只要是出外谋生的人，都是福气不足的人。

必须经历了苦中苦，才能够成为尊贵的人。

【点评】

古人生活在农耕社会，认为离乡出外谋生是不幸的事，是“福薄”的表现。而只有经历那种漂泊和磨难才能成就一个人的伟大事业。“不经一番寒彻骨，哪得梅花扑鼻香”，一个人只有付出了常人难以忍受的艰辛，才能收获常人难以企及的成就。因此，在辛苦中要坚持，要树立坚定的信心与勇气——闯过去，便一定能够成功！

家贫君子拙，时来小儿强[①]。
命好心也好，富贵直到老；
命好心不好，中途夭折了[②]；
心命都不好，穷苦直到老。

【注释】

① 拙（zhuō）：愚笨，这里指无所作为。

② 夭折：未成年就死了，这里指富贵不能长久。

【译文】

运气不好即使君子也无所作为，时运来了小人也会显得强大。

命好心也好，享受富贵一直到老；

命好心不好，富贵了中途也会衰败；

命不好心也不好，一辈子受穷到老。

【点评】

这句话涉及中国古人的天命思想，但值得注意的是，古人认为“命好”是次要的，关键是要“心好”。如果“命好心不好”的话，再大的富贵也会中途衰败。因此，想要把握人生之路，关键还是要把握内心，用一颗友善、仁爱、真诚的心来面对世界，自然能够一帆风顺，拥有“好命”。

年老心未老，人穷行莫穷。自古皆有死，民无信不立[①]。

【注释】

① 出自《论语·颜渊》：“去食。自古皆有死，民无信不立。”信，信任。

【译文】

年纪大了志气不能老，生活贫困德行不能丢掉。

自古以来人难免一死，百姓不信任国家便难以立足。

【点评】

人的衰老是自然规律，谁也无法回避岁月的侵蚀，但人的年龄可以衰老，内心的志向却不能衰微，所谓“老骥伏枥，志在千里”，这种精神是古人留给我们的宝贵财富。人的死亡也是自然规律，谁都有离开世界的那一刻。对一个国家而言，可怕的不是灾荒与战乱，而是人民对国家失去信心后的溃散。我们看到，无论是人也好、国家也罢，最重要的都是内在的精气神——对人而言是精神，对国家而言是国魂。

乖汉瞒痴汉，痴汉总不知[1]。乖汉变驴子，却被痴汉骑。

【注释】

① 乖汉：奸诈的人。　痴汉：傻子。

【译文】

奸诈的人欺骗傻子，傻子总是不知道。

奸诈人下辈子变成驴，反而被傻子骑着。

【点评】

这句话涉及佛教讲的“三世因果”，“乖汉”以为这辈子占了“痴汉”的便宜，谁知道下辈子要变驴偿还。尽管看似迷信，但它告诉我们一个道理：人不要自作聪明，小心聪明反被聪明误。

六言集

常将好事于人，祸不临身害己。

【译文】

经常把好事让给别人，祸端就不会降临到自己身上。

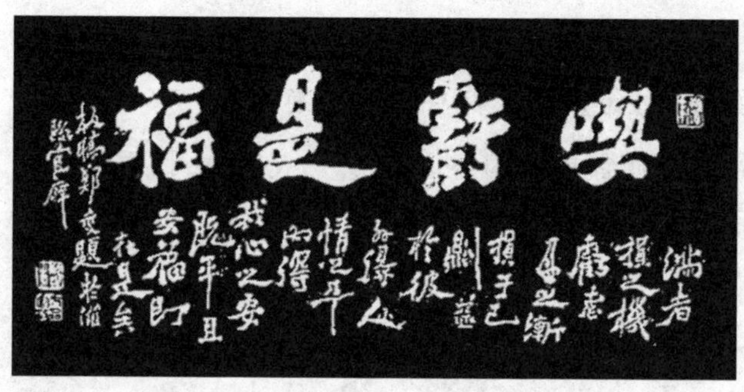

湖南怀化洪江古城陈荣信商行里“吃亏是福”的壁联。清代著名书法家郑板桥真迹。题头写的是：“吃亏是福。”其内容写的是：“满者损之机，亏者盈之渐。损于己则利于彼，外得人情之平，内得我心之安，既平且安。福即是矣。”

【点评】

这两句话看起来并没有什么关系，但却有内在的统一性：一个人为人处世时，要经常替别人着想，把好事情、好机会让给别人。这样的人一定会受到大家的尊敬、喜爱，因此，他的人生也一定是一帆风顺的，不会遭遇灾祸。中国古语说“吃亏是福”，是有其内在的哲理的。

既读孔孟之书，必达周公之礼①。
君子敬而无失，与人恭而有礼②。
事君数斯辱矣，朋友数斯疏矣③。

【注释】

① 孔孟之书：孔子和孟子的书，这里借指儒家经典。 周公之礼：周公指周文王的儿子姬旦，他制礼作乐，为周朝之圣人。这里泛指儒家推崇的封建礼仪。

② 出自《论语·颜渊》：“君子敬而无失，与人恭而有礼，四海之内皆兄弟也。”

③ 出自《论语·里仁》。数（shuò），频繁。斯，就。疏，疏远。

【译文】

既然读了孔子、孟子的著作，必然通达周公制定的礼乐。

君子做事严谨而没有过错，和人交往恭敬而有礼节。

侍奉君主过于殷勤反而会招致侮辱，和朋友交往过于频繁反因生厌而被人疏远。

【点评】

位于陕西岐山县周公庙的周公雕像

孔子和孟子是中国历史上的大圣人，他们的思想奠定了中华文化的基本精神。在儒家思想中，非常重视“礼”的作用，孔子强调“克己复礼”，要用礼来规范人们的生活方式。礼的核心则是“敬”，一个人无论对事对人，都要怀抱着真挚的敬意。在孔子看来，恭敬而不失礼节是君子待人接物的基本态度。当然，恭敬不等于奴颜媚骨，也要有一份内在的尊严，有一种理性的约束。否则，就会变得卑躬屈膝、小心畏缩，遭到别人的侮辱，甚至会被别人疏远。在“敬他”与“自尊”之间掌握尺度，这正是一种做人的艺术。

人无酬天之力，天有养人之心[1]。
静坐常思己过，闲谈莫论人非。

【注释】

① 酬：报答。

【译文】

人没有报答上天的能力，上天却有养育人的心思。

静坐的时候要常常反思自己的过失，闲谈的时候不要议论别人的是非。

【点评】

一个人难得安静下来，在闲来静坐的时候，需要认真地反省自己。想一想自己在做人上是否有亏缺的地方，在做事上是否有不妥的地方，从而得到一些经验教训，以便将来不再犯类似的错误。自省是一种美德，也是高度的自我修养，曾子说："吾日三省吾身，为人谋而不忠乎，与朋友交而不信乎，传不习乎。"意思是说："我每天多次反省自己的言行，替人家谋虑是否不够尽心？和朋友交往是否不够诚信？老师传授的知识有没有复习？"这种境界和那些闲来就批评别人的人相比，简直是天壤之别。

每日三省吾身的曾参

一马不备双鞍，忠臣不事二主[①]。常想有力之奴，不念无为之子。

【注释】

① 事：侍奉。

【译文】

一匹马套不上两副马鞍，忠臣不侍奉两家君主。

主人常常想念得力的奴仆，而不会想念无所作为的儿子。

【点评】

忠诚是人的美德，古人的“忠”强调忠君，我们今天的“忠”境界更高，强调的是忠于国家、忠于人民。在中国历史上，许多仁人志士为了捍卫中华民族的利益，不惜抛头颅、洒热血，他们的名字永远刻在历史的丰碑之上，成为后人不朽的榜样。

人有旦夕祸福，天有昼夜阴晴[①]。君子当权积福，小人仗势欺人。

【注释】

① 旦夕：早晚。

【译文】

人有早晚无常的好运厄运，就像天有昼夜无常的阴天晴天。

君子掌权的时候会积累福德，而小人有了势力往往欺凌他人。

【点评】

在人的一生中，说不定什么时候受福，也说不定什么时候遭祸，这就像天的阴晴、月的圆缺一样，不以人的意志为转移。那么，问题的关键在于好运来临之际，我们应该怎样把握自己。品德高尚的君子在掌权时做好事，造福天下；心地不善的小人则往往凭借权力欺凌弱者。做君子还是做小人只在人的一念之间，需要慎重地进行抉择。

人将礼乐为先，树将枝叶为圆[①]。马有垂缰之义，狗有湿草之恩[②]。

【注释】

① 将：把。

表现“狗有湿草之恩”故事的剪纸

② 马有垂缰之义：相传南北朝时前秦国君苻坚战败时，不小心掉进山涧，他的马便跪着把缰绳垂下去，救了主人。　狗有湿草之恩：相传三国时吴国的李信纯养了一条狗，一次他醉倒在郊外的草地上，当时太守打猎烧荒，草地起火。这时狗跳到河里将身体浸湿，然后沾湿主人周围的草地，使他得救。

【译文】

人应当把礼和乐放在首位，就像树木要将枝叶长丰满一样。

马有垂缰救主的情义，狗有湿草救主的恩情。

【点评】

在人生的危难关头，动物都能舍生取义，拼死救护自己的主人。而有些人却在危难中背叛朋友，甚至落井下石。遵守礼乐、恪守道义是做人的根本，如果人违背了基本道义，真是连动物都比不上！

运去黄金失色，时来铁也争光。怕人知道休做，要人敬重勤学①。

【注释】

① 休：不要。

【译文】

运气没了黄金也会失去好颜色，运气来了黑铁也会有好光泽。如果怕别人发现就别做坏事，如果想要别人敬重就努力学习。

【点评】

谁都想受到别人的称赞，谁都不想被别人批评。实际上，外界的褒贬源于自身的一言一行，只要立身端正、刻苦勤学，不断地提升自己的境界，一定会受到别人的“敬重”。与此相反，所谓“要想人不知，除非己莫为”，一个人做了坏事，怎么掩盖也都无济于事。儒家强调“慎独”，说的正是这个道理——君子在独居独处时要格外自省，把握住自己生命的方向。

泰山不却微尘，积少垒成高大①。人道谁无烦恼，风来浪也白头。

【注释】

① 却：推辞，拒绝。　垒：堆积。

不却微尘的巍巍泰山

【译文】

泰山再高大也不拒绝微细的尘土，积少成多才能垒成高山峻岭。

人生路上谁没有一些烦恼，风吹起来，连浪花也白了头呢！

【点评】

“会当凌绝顶，一览众山小”，泰山巍峨雄壮，是华夏大地上的名山。可泰山的雄壮，不也是来自垒土成山的点滴积累吗？刘备在临死之前，告诉自己的儿子：“勿以善小而不为，勿以恶小而为之。”人生的成就源自点点滴滴的细节积累，只要能把握当下的每一件事、每一份用心，坚持不懈地走下去，一定会登上道德、事业的高峰。有这样的人生态度，面对生活中难以避免的种种烦恼，自然也就会淡定了。

七言集

贫居闹市无人问，富在深山有远亲①。
交情好似初相见，到老终无怨恨心②。
白马红缨彩色新，不是亲者强来亲③；
一朝马死黄金尽，亲者如同陌路人。

【注释】

① 远亲：血缘关系疏远的亲戚。

② 交情：人与人的交往。

③ 白马红缨：这里指做官有权有势。

【译文】

贫困时居住在闹市中也没有人理睬，富贵时居住在深山里也有人来攀亲。

朋友交往如果都像第一次相见那样，那么到了老年相互也不会有怨恨的心。

当了高官骑白马、戴官帽、脸色光彩鲜艳的时候，不是亲戚也会强来认亲。

一旦功名富贵离开自己远去，就是亲人也会像陌生的行路人一样。

【点评】

贫穷时无人相问，富贵后人人登门，这种事在历史上并不少见，在现实生活中也常常存在。但无论如何，一个人还是要以积极的态度面对生活、面对世界，要相信势利与虚伪不过是个别现象。人间自有真情在，我们要从自身做起，让真情体现在我们的一言一行之中。

青草发时便盖地，运通何须觅故人[①]？但能依理求生计，何必欺心做恶人[②]？

【注释】

① 发：萌发。　觅（mì）：寻找。

② 生计：谋求生活。　欺心：昧着良心。

【译文】

青草在春天萌发时便覆盖了大地，运气通达何必找老朋友帮忙呢？

只要能按照道义去谋求生活，又何必昧着良心去做坏人呢？

【点评】

春来草自青，这是再自然不过的事情了。一个人遵守道义、奋发图强，便有如春风化雨中的青青草木，会自然而然地茁壮成长，又何必去求人帮忙、欺心作恶呢？所谓“君子乐得做君子，小人冤枉做小人”，违背自己的本性去为非作歹，最终一定会落得个悲惨结局。

才与人交辨人心，高山流水向古今[①]。

【注释】

① 辨：辨别，辨识。　高山流水：相传俞伯牙善于弹琴，钟子

期善于听琴。俞伯牙弹琴时想着高山，钟子期便从琴声中感受到泰山的气象；俞伯牙弹琴时想着流水，钟子期便从琴声中感受到江河的气象。因此人们用高山流水比喻知心朋友。

【译文】

刚开始和别人交往时要辨明对方的心地，像高山流水那样的好朋友古今之人都会向往。

【点评】

在现代社会中，人际交往似乎越来越频繁了，无论是饭桌上的觥筹交错，还是微博微信的随时沟通，都让人和人的距离非常贴近。但信息的距离拉近了，人心的距离似乎却远了一些。在复杂的人际关系中，我们如何找到真正的知心好友呢？古人告诉我们，朋友之间首先要心意相通、志向相投，就像古代的钟子期、俞伯牙那样，他们的交往方式平淡如水，但一曲高山流水中的默契与知心，却在历史上让人称颂不已、艳羡至今。

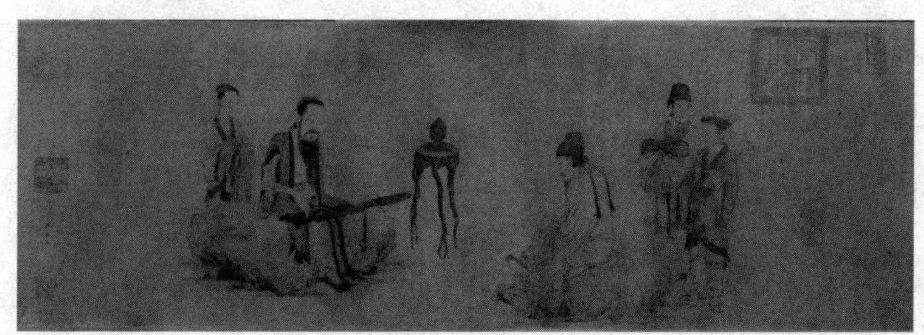

元代王振鹏绘《伯牙鼓琴图》

本图描绘的是俞伯牙与钟子期两位知心朋友之间的深厚友谊。画面上共有五人，左边是伯牙，他面目清秀，蓄长髯，披衣敞怀，端坐石上，双手抚琴。伯牙的对面是子期，也坐在石上，身着长袍，低头静心谛听。两人的身后共有侍童三人站立。作者用生动、准确的笔墨刻画了两个主要人物的外形特征和内心活动，弹琴者的专注，听琴者的入神，都跃然绢上。

莫作亏心侥幸事，自然灾祸不来侵。

【译文】

不要做亏欠良心、侥幸获利的事情，自然而然就会避免各种灾害。

【点评】

每个人都想趋吉避凶、远离灾害，但在人生无常的面前，似乎人的力量有些苍白，我们很难成为命运的主人。其实不然，古人告诉我们，只要根据自己的良心办事，老老实实，不要心存一丝一毫的侥幸，便一定会避免灾害，获取成功。这种态度是中国古人的基本信念，也是君子立世的坦然风范。

人着人死天不肯，天着人死有何难[①]？我见几家贫了富，几家富了又还贫。

【注释】

① 着（zhuó）：让，要。

【译文】

一个人要另一个人死上天不答应，可上天要人死，又有什么困难呢？

我见了不少人家由贫变富，也见了不少人家由富转贫。

【点评】

人没有永远的一帆风顺，在那些阅尽沧桑的人的眼中，有很多人家由贫寒走向富足，也有不少人家由富贵变得一贫如洗。这种剧烈的变化甚至让人产生一种错觉，这是上天的安排，而不是人力所及。事实上，个人前途、家族兴衰的改变，都有着内在的人为原因

——积德行善、努力奋斗，自然能够兴盛；好逸恶劳、贪图享受，自然走向衰败。我们与其感慨“天命”的无常，倒不如经常反省自己，用心做人，努力做事，把命运掌握在自己手中。

三寸气在千般用，一旦无常万事休①。人见利而不见害，鱼见食而不见钩。

【注释】

① 三寸气：这里指人的生命。　无常：佛家用语，这里指死亡。

【译文】

人活着可以做各种各样的事情，可一旦死亡就什么都没有了。

人往往只看到利益却看不到其中的害处，就像鱼儿只看到诱饵却看不到鱼钩一样。

陕西临潼攀龙附凤浮雕图腾柱上“人见利而不见害，鱼见食而不见钩”箴言

【点评】

生命是有限的，但生命的意义却可以是无限的。怎样才能在有限的生命里创造无限的意义呢？关键要把握住人生的方向。在生命旅程中，最容易让人偏离方向的莫过于盲目追求利益。“人为财死，鸟为食亡”，这句古话告诉我们，利益往往是最大的陷阱，让人“见食而不见钩”。因此，在利益面前必须有足够的理智，看清楚是否会为利益而违背原则、丧失大义。孔子主张“见利思义”，正是这个道理。

是非只为多开口，烦恼皆因强出头。平生正直无私曲，问甚天公饶不饶[①]。

【注释】

① 私曲：偏私，不公正。

【译文】

惹上是非只因为说话太多，沾上烦恼都由于爱出风头。

一辈子正直做人没私心，还问什么老天爷是否饶恕？

【点评】

作者多次强调做人说话要慎重，不要乱出风头，足见“慎言”“慎行”的思想在古代已经深入人心。在当今时代，真正坦荡的人格境界是来自做人的“正直无私”！一个人只要公正刚直、心无杂念，那么人们便会拥护他、支持他，根本没有什么是非烦恼，更用不着向老天爷乞怜了。

猛虎不在当道卧，困龙也有升天时[①]。

清宣统年间云南造币厂铸造的龙洋银元——云南大困龙

【注释】

① 困龙：受困的蛟龙。

【译文】

真正凶猛的老虎也不在道路中间横卧，受困的蛟龙也有飞天之时。

【点评】

一个人权势再大也不可横行无忌，因为众怒难犯，也不可犯。对处境坎坷的落难者也不可随意凌辱，你要知道他也有飞黄腾达的时候。

临崖勒马收缰晚，船到江心补漏迟。

【译文】

到了悬崖边再勒马收缰已经晚了，船到了江心再想补漏已经来不及了。

西岳华山第一险——长空栈道边上的石刻“悬崖勒马”

【点评】

古人说：“凡事豫则立，不豫则废。”意思是说不论做什么事，事先有准备就能成功，不然就会失败。所谓谋定而后动。做任何事情都要有一个提前的计划与准备，充分调动自己的主观能动性，而不要临阵磨枪。无论是学业的积累还是事业的成就，都要有一种长远的眼光，未雨绸缪，提前积累。至于人生走上了岔路，更要及时反省，尽早回头。否则的话，便悔之晚矣。

家业有时为来往，还钱常记借钱时。常将有日思无日，莫待无时思有时。

【译文】

家里有钱时要想着多和人走动，还钱的时候要记着借钱时别人的好心。

有钱的时候要想着没吃没穿的时候，不要等贫穷了再想着之前富裕的时候。

【点评】

这几句话道出了生活中的智慧。一方面，我们会有“钱紧”的时候，难免要向别人寻求帮助，这个时候不要忘记人家借钱给我们的好意，当别人遇到困难之时，我们要“涌泉相报”。另一方面，我们也会有“富足”的时候，这个时候要居安思危，注意节俭，不要等到一无所有的时候再来感慨之前的美好生活。

金风未动蝉先觉，暗算无常死不知[1]。
青山只会明今古，绿水何曾洗是非？

【注释】

① 金风：秋风。　无常：没有常态，变化多端。

【译文】

秋风未起蝉已经觉察到寒冷，暗算手段多端到了死都不知道原因。

青山只能明晓古今的变化，绿水又怎么能洗清往日的是是非非？

【点评】

秋风将起，蝉已经有所觉察，而有的人遭了暗算却至死不知。大自然只会证明时间的变化，又怎么能洗清是非呢？这几句话，道出了人世间的险恶与无常。事实上，我们无法把握世界的变化，但能把握自己面对世界的态度。古人说得好：“岂能尽如人意，但求无愧我心。”善心对人、积极做事，只要对得起自己的良心，相信是非烦恼都会远离我们。

善恶到头终有报，只争来早与来迟。
蒿里隐着灵芝草，淤泥陷着紫金盆[1]。

【注释】

① 蒿（hāo）：野草。 紫金：古代一种珍贵的矿物。

【译文】

善恶到了尽头终究会有报应，只不过有些早来有些晚来。

蒿草里隐藏着珍贵的灵芝草，淤泥里埋藏着宝贵的紫金盆。

清代老红木厚板雕灵芝纹挂件

灵芝自古以来就被认为是吉祥、富贵、美好、长寿的象征，有“仙草”“瑞草”之称，灵芝纹也是皇家与民间家具及其他器物上的常见纹饰，如意的如意头就是灵芝的形状。

【点评】

前一句讲的是因果报应的道理，关于这一点，前面已经谈过。后一句说的是看人看事不要仅看表面，所谓“人不可以貌相，海水不可斗量”，在平凡丑陋的外表背后，也许隐藏着一颗高贵而智慧的心灵！我们在和别人接触的时候，一定不要以貌取人。

劝君莫做亏心事，古往今来放过谁？
山寺日高僧未起，算来名利不如闲。

【译文】

劝您不要做对不起自己良心的事情，古往今来哪个亏心人能躲过天道的惩罚？

太阳高照了山寺中的僧人还未起床，算来算去追求名利不如享受安闲。

【点评】

在历史上，多少大奸大恶机关算尽，最后还是落得个身败名裂的下场。因此，古人不由感叹，天网恢恢，疏而不漏，谁能够逃脱正义的惩罚呢？与其如此，倒不如效法山中的高僧，不求名利，悠闲自在，一觉睡到红日高升。这种态度看起来似乎有些消极，但其中蕴含的洒脱与自由，也是让人向往的境界。

清幽的山寺风光

人生七十古来稀，多少风光不同居[①]。
长江一去无回浪，人老何曾再少年？

【注释】

① 风光：这里指人生的美好时光。

【译文】

人很少有能活到七十岁的，多少美好时光一去不回。

长江滚滚向前没有回头的浪，人生易老青春再也难留。

【点评】

岁月一去不返，就像长江滚滚东流，不可能有回头的浪花。因此，要在青春年少时珍惜时间，刻苦求学，奋发向上，不要让大好光阴白白逝去。古人曾说“一寸光阴一寸金，寸金难买寸光阴”，又说“明日复明日，明日何其多。我生待明日，万事成蹉跎”，讲的都是这个道理。

大道劝人三件事，戒酒除花莫赌钱①。言多语失皆因酒，义断亲疏只为钱。

【注释】

① 除花：不贪恋女色。

【译文】

按常理，劝人学好要注意三件事，不酗酒、不好色、不赌钱。

言多必失往往源于醉酒，情义断绝亲友疏远只是因为贪财。

【点评】

做人要有三戒：第一，不要过量饮酒。醉酒不仅伤身，还能让人丧失理性，做出后悔莫及的事情。第二，不要贪恋女色。古来君王因为好色而丧身亡国者，比比皆是。第三，不要赌博。在当今社会中，有不少因赌博导致的家庭惨剧。总之，人要自律、自制，认清这些不良习性的危害，坚决远离它们。

有事但近君子说，是非休听小人言。

【译文】

有事情只去亲近君子听取他们的意见，判断对错不要听小人的话。

【点评】

有事情要亲近君子，而不要听取小人的意见。所谓“亲贤臣，远小人”，中国古人一向认为，一事当前，要多听取贤良君子的意见，而不要为小人的花言巧语所迷惑。君子的言论有一个特点，那就是“忠言逆耳利于行”——他们会直接点出你的毛病，不留面子，但如果你按照他们的意见去做，便会改正缺点、获得进步。

诸葛亮像轴（元代）

诸葛亮在给后主刘禅的《出师表》一文中劝导后主要“亲贤臣，远小人”。

妻贤何愁家不富，子孝何须父向前？心好家门生贵子，命好何须靠祖田？侵人田土骗人钱，荣华富贵不多年。莫道眼前无报应，分明折在子孙边[①]。

【注释】

① 莫道：不要说。 折：折损，夭折。

【译文】

妻子贤惠不用忧愁家庭不富裕，儿子孝顺哪里用得着父亲去努力奔波?

心善的人家生出有出息的子女，命好的人家用不着靠祖先留下的田产生活。

侵占他人的田地骗取别人的钱财，这样的荣华富贵持续不了多少年。

不要说眼前还没遭报应，该得的报应总会转移到子孙身上。

【点评】

这是一组关于治家立业之道和善恶报应的谚语。想要家道兴隆，必须重视品德修养，养成行事仁厚、妻贤子孝的家风。《名贤集》强调因果报应的道理，所谓“善有善报，恶有恶报；不是不报，时候未到”。通过不正当的手段获取财富，这种荣华富贵持续不了多少年。即使当下没有遭受报应，将来厄运也会降临到他的子孙身上。因此，人不能为非作歹，欺骗自己的良心。

酒逢知己千杯少，话不投机半句多。
衣服破时宾客少，识人多处是非多。
草怕严霜霜怕日，恶人自有恶人磨①。
月过十五光明少，人到中年万事和。

【注释】

① 磨：折磨、惩治。

【译文】

与知己喝酒喝千杯也不嫌多，说话时不投机说半句也嫌多。

衣服破败时来的客人就少，认识的人多是非就会多。

秋霜让百草凋零，太阳融化秋霜；坏人作恶，也有更坏的人来制服他。

月亮过了阴历十五就渐渐暗淡，人到了中年性情会变得温和。

【点评】

在这组谚语中，作者采用了对比的手法，总结了一些人生经验，揭示了一些生活哲理。第一句告诉人们，任何事物的产生都有着特定的条件，不能绝对化。第二句告诉人们，凡事有多必有少、有利亦有弊，是相辅相成的。第三句说明世间万事万物，总是一物降一物，存在着相互制约关系。最后一句则反映了事物由量变到质变的进程。这几句话说的都是自然、社会中的简单现象，但却体现出中国古人朴素的辩证法思想。

良言一句三冬暖，恶语伤人六月寒。

【译文】

一句好话让人在冬天里也觉得温暖，伤人的话让人在六月天也觉得寒冷。

【点评】

言语有时候会对人产生很大的影响，一句温暖善意的话，可能会让逆境中的人感受到无比的温暖，给他的人生带来希望；一句粗野恶毒的话，也可能给人带来心灵的阴影，引发一场轩然大波。因此，我们要注意自己的言谈，时刻把善语、暖语带给世界。

雨里深山雪里烟，看时容易做时难。
无名草木年年发，不信男儿一世穷①。

【注释】

① 发：萌发。

【译文】

雨中的深山、雪里的炊烟，看上去迷人画出来难；做事也是这样，看起来容易，做起来难。

不知名的草木年年都能萌发，不相信男子汉会一辈子贫穷。

【点评】

我们在生活中会遇到种种困难，看着别人成功那么容易，自己做起来却困难重重。这正是“雨里深山雪里烟，看时容易做时难”的意境。尽管如此，在困难中还是要树立起坚定的信心，你看那无名的草木，在严冬中枯萎凋谢，但到了第二年的春天便会茁壮成长，生机勃勃。人生也是如此，男子汉大丈夫怎么可能会终生穷困呢？树立信心，坚持不懈，人生一定会出现转机。

“宋代四大书法家之一”米芾的国宝级画作《深山夜雨》（局部）

若不与人行方便，念尽弥陀总是空[1]。

【注释】

① 弥陀：阿弥陀佛，指信佛人念诵的佛号。

【译文】

如果不给人打开方便之门，念尽了阿弥陀佛也没有用。

【点评】

如果一个人冷漠地面对世界，缺乏基本的善意和友爱，无论他怎样祈求神佛保佑都是枉费工夫。佛家有这样一个故事，佛祖每天都要向自己的塑像礼拜，弟子不解，便去问他。佛祖说：“求人不如求己！”佛祖的意思是说，拜佛不是祈求一个外在的神灵，而是要拜自己的良知！

少年休笑白头翁，花开能有几日红？

【译文】

年轻人不要笑话白发苍苍的老人，青春年华好比鲜花，能有几天艳红开放？

【点评】

光阴易逝，青春易老，今天还是朝气蓬勃的青年，一转眼就是风烛残年的老人，就像绽放的花朵开不了几天一样。因此，年轻人又有什么资格笑话白发苍苍的老年人呢？我们要格外珍惜时间，在有限的生命里，做更多有意义的事情，不负人生、无悔青春。

日晷是中国古代的一种计时仪器，象征着惜时如金、时不我待。

越奸越狡越贫穷，奸狡原来天不容[①]；富贵若从奸狡得，世间呆汉吸西风。忠臣不事二君主，烈女不嫁二夫郎[②]。小人狡猾心肠歹，君子公平托上苍[③]。

【注释】

① 狡：狡诈、狡猾。

② 烈女：贞洁的女子。

③ 歹：歹毒。 托上苍：托上天的保佑。

【译文】

越奸诈狡猾就越贫穷，奸诈狡猾的人上天都不容。

如果富贵能通过奸诈的手段获得，世间的老实人都要喝西北风了。

为人臣子要忠心不二，为人妻子要贞烈守节。

小人狡猾心肠歹毒，君子做事公平有上苍庇佑。

位于四川昭化古城的贞节牌坊

贞节牌坊，是古时用来表彰女性从一而终的门楼建筑。

【点评】

君子做事公平厚道，小人做事奸诈狡猾，这是二者之间本质的区别。君子忠厚，有上天在默默护佑；小人狡诈，却不被苍天所容，必然遭到命运的惩罚——这几句说的也是善有善报、恶有恶报的道理，告诫后人不要为非作歹、欺上瞒下。

一字千金价不多，会文会算有谁过[①]？身小会文国家用，大汉空长作什么？

【注释】

① 一字千金：形容文字价值很高。秦国丞相吕不韦曾将《吕氏春秋》放在咸阳城门，悬挂千金于其上，称有人能改换、增损其中一字者，赏赐千金。

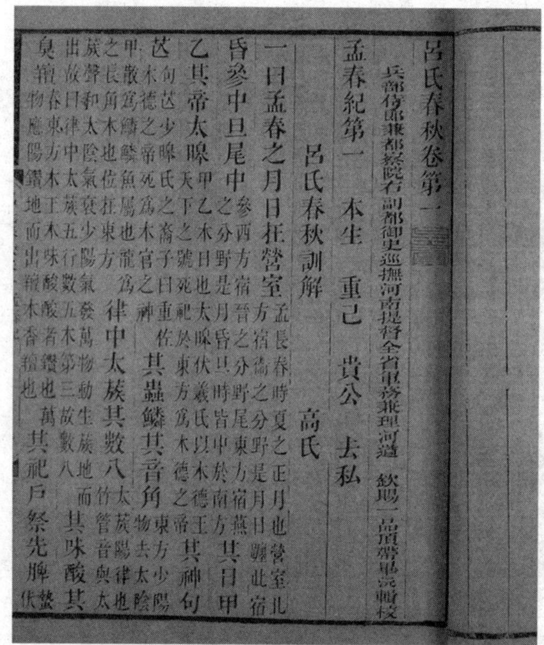

呂氏春秋卷第一

孟春紀第一　本生　重己　貴公　去私

呂氏春秋訓解　高氏

一曰孟春之月日在營室

昏參中旦尾中

其日甲乙

其帝太皞

其神句芒

其蟲鱗　其音角

律中太蔟　其數八

其味酸　其臭羶

其祀戶　祭先脾

《吕氏春秋》书影

【译文】

名家书法一字值千两黄金，价钱不算贵；能写会算谁也竞争不过。

个子虽小能写文章可以被国家重用，大个子空长身体却没有本领又有什么用？

【点评】

中国人自古敬重文采出众的人，很多人其貌不扬，却因为文采出众、满腹经纶而名垂千古。读书作文能够弥补一个人先天的缺陷，即使我们生来平凡，但通过刻苦求学，必能成为社会的栋梁之才，从而得到众人的尊重。年轻的学子应该从中找到动力，积极向上，不要枉费大好青春。

附录

《童蒙须知》全文

yuán xù
原叙

fú tóng méng zhī xué shǐ yú yī fú guān
夫童蒙之学，始于衣服冠
lǚ cì jí yán yǔ bù qū cì jí sǎ sǎo
履，次及言语步趋，次及洒扫
juān jié cì jí dú shū xiě wén zì jí yǒu
涓洁，次及读书写文字，及有
zá xì shì yí jiē suǒ dāng zhī jīn zhú mù
杂细事宜，皆所当知。今逐目
tiáo liè míng yuē tóng méng xū zhī ruò
条列，名曰《童蒙须知》。若
qí xiū shēn zhì xīn shì qīn jiē wù yǔ fú
其修身治心、事亲接物与夫
qióng lǐ jìn xìng zhī yào zì yǒu shèng xián diǎn
穷理尽性之要，自有圣贤典
xùn zhāo rán kě kǎo dāng cì dì xiǎo dá
训，昭然可考，当次第晓达，
zī bù fù xiáng zhù yún
兹不复详著云。

yī fú guān lǚ dì yī

衣服冠履第一

dà dǐ wéi rén xiān yào shēn tǐ duān zhěng zì guān jīn yī fú xié wà jiē xū shōu shí ài hù cháng lìng jié jìng zhěng qí wǒ xiān rén cháng xùn zǐ dì yún nán zǐ yǒu sān jǐn wèi tóu jǐn yāo jǐn jiǎo jǐn tóu wèi tóu jīn wèi guàn zhě zǒng jì yāo wèi yǐ tāo huò dài shù yāo jiǎo wèi xié wà cǐ sān zhě yào jǐn shù bù kě kuān màn kuān màn zé shēn tǐ fàng sì bù duān yán wéi rén suǒ qīng jiàn yǐ

大抵为人，先要身体端整。自冠巾、衣服、鞋袜皆须收拾爱护，常令洁净整齐。我先人常训子弟云："男子有三紧。谓头紧、腰紧、脚紧。"头谓头巾，未冠者总髻。腰谓以绦或带束腰。脚谓鞋袜。此三者要紧束，不可宽慢。宽慢则身体放肆，不端严，为人所轻贱矣。

fán zhuó yī fú bì xiān tí zhěng jīn lǐng

凡着衣服，必先提整衿领，

jié liǎng rèn niǔ dài bù kě lìng yǒu quē luò
结两衽纽带，不可令有阙落。
yǐn shí zhào guǎn wù lìng wū huài xíng lù kàn
饮食照管，勿令污坏；行路看
gù wù lìng ní zì
顾，勿令泥渍。

fán tuō yī fú bì qí zhěng zhé dié xiāng
凡脱衣服，必齐整折叠箱
qiè zhōng wù sǎn luàn dùn fàng zé bù wéi chén
箧中。勿散乱顿放，则不为尘
āi zá huì suǒ wū réng yì yú xún qǔ bù
埃杂秽所污。仍易于寻取，不
zhì sàn shī zhuó yī jì jiǔ zé bù miǎn gòu
致散失。着衣既久，则不免垢
nì xū yào qín qín xǐ huàn pò zhàn zé bǔ
腻。须要勤勤洗浣。破绽则补
zhuì zhī jìn bǔ zhuì wú hài zhī yào wán jié
缀之，尽补缀无害，只要完洁。

fán guàn miàn bì yǐ jīn shuì zhē hù yī
凡盥面，必以巾帨遮护衣
lǐng juǎn shù liǎng xiù wù lìng yǒu suǒ shī fán
领，卷束两袖，勿令有所湿。凡
jiù láo yì bì qù shàng lǒng yī fú zhǐ zhuó
就劳役，必去上笼衣服，只着

duǎn biàn ài hù wù shǐ sǔn wū fán rì zhōng
短便，爱护勿使损污。凡日中

suǒ zhuó yī fú yè wò bì gēng zé bù cáng
所着衣服，夜卧必更，则不藏

zǎo shī bù jí bì huài gǒu néng rú cǐ zé
蚤虱，不即敝坏。苟能如此，则

bù dàn wēi yí kě fǎ yòu kě bù fèi yī fú
不但威仪可法，又可不费衣服。

yàn zǐ yī hú qiú sān shí nián suī yì zài yǐ
晏子一狐裘三十年，虽意在以

jiǎn huà sú yì qí ài xī yǒu dào yě cǐ zuì
俭化俗，亦其爱惜有道也，此最

chì shēn zhī yào wú hū
饬身之要，毋忽。

yán yǔ bù qū dì èr
言语步趋第二

fán wéi rén zǐ dì xū shì cháng dī shēng
凡为人子弟，须是常低声

xià qì yǔ yán xiáng huǎn bù kě gāo yán xuān
下气，语言详缓，不可高言喧

hòng fú yán xì xiào fù xiōng zhǎng shàng yǒu
哄、浮言戏笑。父兄长上有

suǒ jiào dū dàn dāng dī shǒu tīng shòu bù kě
所教督，但当低首听受，不可

wàng zì yì lùn zhǎng shàng jiǎn zé huò yǒu
妄自议论。长上检责，或有
guò wù bù kě biàn zì fēn jiě gū qiě yǐn
过误，不可便自分解，姑且隐
mò jiǔ què xú xú xì yì tiáo chén yún cǐ shì
默。久却徐徐细意条陈，云此事
kǒng shì rú cǐ xiàng zhě dāng shì ǒu ěr yí wàng
恐是如此，向者当是偶尔遗忘。
huò yuē dāng shì ǒu ěr sī xǐng wèi zhì ruò
或曰：当是偶尔思省未至。若
ěr zé wú shāng wǔ shì lǐ zì míng zhì yú
尔，则无伤忤，事理自明。至于
péng yǒu fèn shàng yì dāng rú cǐ
朋友分上，亦当如此。

fán wén rén suǒ wéi bù shàn xià zhì bì
凡闻人所为不善，下至婢
pú wéi guò yí qiě bāo cáng bù yīng biàn ěr
仆违过，宜且包藏，不应便尔
shēng yán dāng xiāng gào yù shǐ qí zhī gǎi
声言。当相告语，使其知改。

fán xíng bù qū qiàng xū shì duān zhèng
凡行步趋跄，须是端正，
bù kě jí zǒu tiào zhí ruò fù mǔ zhǎng shàng
不可疾走跳踯。若父母长上

yǒu suǒ huàn zhào què dāng jí zǒu ér qián bù
有所唤召，却当疾走而前，不
kě shū huǎn
可舒缓。

sǎ sǎojuān jié dì sān
洒扫涓洁第三

fán wéi rén zǐ dì dāng sǎ sǎo jū chù zhī
凡为人子弟，当洒扫居处之
dì fú shì jī àn dāng lìng jié jìng wén zì
地，拂拭几案，当令洁净。文字
bǐ yàn fán bǎi qì yòng jiē dāng yán sù zhěng
笔砚、凡百器用，皆当严肃整
qí dùn fàng yǒu cháng chù qǔ yòng jì bì fù
齐，顿放有常处。取用既毕，复
zhì yuán suǒ
置元所。

fù xiōng zhǎng shàng zuò qǐ chù wén zì zhǐ
父兄长上坐起处，文字纸
zhá zhī shǔ huò yǒu sǎn luàn dāng jiā yì zhěng
札之属，或有散乱，当加意整
qí bù kě zhé zì qǔ yòng fán jiè rén wén
齐，不可辄自取用。凡借人文
zì jiē zhì bù chāo lù zhǔ míng jí shí
字，皆置簿钞录主名，及时

qǔ huán
取还。

chuāng bì jī àn wén zì jiān bù kě
窗壁、几案、文字间，不可
shū zì qián bèi yún huài bǐ wū mò guān zǐ
书字。前辈云："坏笔污墨，瘝子
dì zhí shū jī shū yàn zì qíng qí miàn cǐ
弟职。书几书砚，自黥其面。"此
wéi zuì bù yǎ jié qiè yí shēn jiè
为最不雅洁，切宜深戒。

dú shū xiě wén zì dì sì
读书写文字第四

fán dú shū xū zhěng dùn jī àn lìng jié
凡读书，须整顿几案，令洁
jìng duān zhèng jiāng shū cè zhěng qí dùn fàng
净端正。将书册整齐顿放，
zhèng shēn tǐ duì shū cè xiáng huǎn kàn zì zǐ
正身体对书册，详缓看字，子
xì fēn míng
细分明。

dú zhī xū yào dú de zì zì xiǎng liàng
读之，须要读得字字响亮，
bù kě wù yī zì bù kě shǎo yī zì bù kě
不可误一字，不可少一字，不可

duō yī zì bù kě dǎo yī zì bù kě qiān
多一字，不可倒一字。不可牵
qiáng àn jì zhī shì yào duō sòng biàn shù zì
强暗记，只是要多诵遍数，自
rán shàng kǒu jiǔ yuǎn bù wàng gǔ rén yún
然上口，久远不忘。古人云：
dú shū qiān biàn qí yì zì xiàn wèi shóu
“读书千遍，其义自见。”谓熟
dú zé bù dài jiě shuō zì xiǎo qí yì yě
读则不待解说，自晓其义也。

yú cháng wèi dú shū yǒu sān dào wèi xīn
余尝谓读书有三到：谓心
dào yǎn dào kǒu dào xīn bù zài cǐ zé
到、眼到、口到。心不在此，则
yǎn bù kàn zǐ xì xīn yǎn jì bù zhuān yī
眼不看子细，心眼既不专一，
què zhǐ màn làng sòng dú jué bù néng jì jì
却只漫浪诵读，决不能记，记
yì bù néng jiǔ yě sān dào zhī zhōng xīn dào
亦不能久也。三到之中，心到
zuì jí xīn jì dào yǐ yǎn kǒu qǐ bù
最急。心既到矣，眼口岂不
dào hū
到乎？

fán shū cè xū yào ài hù bù kě sǔn
凡书册，须要爱护，不可损
wū zhòu zhé jǐ yáng jiāng lù shū dú wèi
污绉折。济阳江禄，书读未
wán suī yǒu jí sù bì dài yǎn shù zhěng qí
完，虽有急速，必待掩束整齐
rán hòu qǐ cǐ zuì wéi kě fǎ
然后起，此最为可法。

fán xiě wén zì xū gāo zhí mò dìng duān
凡写文字，须高执墨锭，端
zhèng yán mó wù shǐ mò zhī wū shǒu gāo zhí
正研磨，勿使墨汁污手。高执
bǐ shuāng gōu duān kǎi shū zì bù de lìng shǒu
笔，双钩端楷书字，不得令手
zhǐ zhuó háo fán xiě zì wèi wèn xiě de gōng
指着毫。凡写字，未问写得工
zhuō rú hé qiě yào yī bǐ yī huà yán zhèng
拙如何，且要一笔一画，严正
fēn míng bù kě liáo cǎo fán xiě wén zì xū
分明，不可潦草。凡写文字，须
yào zǐ xì kàn běn bù kě chā é
要子细看本，不可差讹。

zá xì shì yí dì wǔ

杂细事宜第五

fán zǐ dì xū yào zǎo qǐ yàn mián fán
凡子弟，须要早起晏眠。凡
xuān hòng zhēng dòu zhī chù bù kě jìn wú yì zhī
喧哄争斗之处不可近，无益之
shì bù kě wéi wèi rú dǔ bó lóng yǎng dǎ
事不可为。谓如赌博、笼养、打
qiú tī qiú fàng fēng qín děng shì
球、踢球、放风禽等事。

fán yǐn shí yǒu zé shí zhī wú zé bù
凡饮食，有则食之，无则不
kě sī suǒ dàn zhōu fàn chōng jī bù kě quē
可思索，但粥饭充饥不可阙。
fán xiàng huǒ wù pò jìn huǒ páng bù wéi jǔ
凡向火，勿迫近火旁。不惟举
zhǐ bù jiā qiě fáng fén ruò yī fú
止不佳，且防焚爇衣服。

fán xiāng yī bì zhé yāo fán duì fù mǔ
凡相揖，必折腰。凡对父母
zhǎng shàng péng yǒu bì chēng míng fán chēng hū
长上朋友，必称名。凡称呼
zhǎng shàng bù kě yǐ zì bì yún mǒu zhàng
长上，不可以字，必云某丈。

rú dì háng zhě zé yún mǒu xìng mǒu zhàng àn
如弟行者，则云某姓某丈。按

shì míng dì xùn dì wèi xiāng cì dì yě
《释名》弟训第，谓相次第也。

mǒu zhàng zhě rú yún zhāng zhàng lǐ zhàng mǒu
某丈者，如云张丈、李丈。某

xìng mǒu zhàng zhě rú yún zhāng sān zhàng lǐ sì
姓某丈者，如云张三丈、李四

zhàng jiù zhù yún
丈。旧注云。

fán chū wài jí guī bì yú zhǎng shàng qián
凡出外及归，必于长上前

zuò yī suī zàn chū yì rán fán yǐn shí yú
作揖，虽暂出亦然。凡饮食于

zhǎng shàng zhī qián bì qīng jiáo huǎn yàn bù kě
长上之前，必轻嚼缓咽，不可

wén yǐn shí zhī shēng fán yǐn shí zhī wù wù
闻饮食之声。凡饮食之物，勿

zhēng jiào duō shǎo měi è fán shì zhǎng zhě zhī
争较多少美恶。凡侍长者之

cè bì zhèng lì gǒng shǒu yǒu suǒ wèn zé bì
侧，必正立拱手。有所问，则必

chéng shí duì yán bù kě wàng
诚实对，言不可妄。

fán kāi mén jiē lián xū xú xú qīng shǒu
凡开门揭帘，须徐徐轻手，
bù kě lìng zhèn jīng shēng xiǎng fán zhòng zuò bì
不可令震惊声响。凡众坐，必
liǎn shēn wù guǎng zhàn zuò xí fán shì zhǎng
敛身，勿广占坐席。凡侍长
shàng chū xíng bì jū lù zhī yòu zhù bì
上出行，必居路之右，住必
jū zuǒ
居左。

fán yǐn jiǔ bù kě lìng zhì zuì fán rú
凡饮酒，不可令至醉。凡如
cè bì qù wài yī xià bì guàn shǒu fán yè
厕，必去外衣，下必盥手。凡夜
xíng bì yǐ dēng zhú wú zhú zé zhǐ fán dài
行，必以灯烛，无烛则止。凡待
bì pú bì duān yán wù dé yǔ zhī xī xiào
婢仆，必端严，勿得与之嬉笑。
zhí qì mǐn bì duān yán wéi kǒng yǒu shī fán
执器皿必端严，惟恐有失。凡
wēi xiǎn bù kě jìn fán dào lù yù zhǎng zhě
危险，不可近。凡道路遇长者，
bì zhèng lì gǒng shǒu jí qū ér yī fán yè
必正立拱手，疾趋而揖。凡夜

wò bì yòng zhěn wù yǐ qǐn yī fù shǒu fán
卧，必用枕，勿以寝衣覆首。凡
yǐn shí jǔ chí bì zhì zhù jǔ zhù bì zhì
饮食，举匙必置箸，举箸必置
chí shí yǐ zé zhì chí zhù yú àn
匙。食已，则置匙箸于案。

zá xì shì yí pǐn mù shèn duō gū jǔ
杂细事宜，品目甚多，姑举
qí lüè rán dà gài jù yǐ fán cǐ wǔ piān
其略，然大概具矣。凡此五篇，
ruò néng zūn shǒu bù wéi zì bù shī wèi jǐn yuàn
若能遵守不违，自不失为谨愿
zhī shì bì yòu néng dú shèng xián zhī shū huī
之士。必又能读圣贤之书，恢
dà cǐ xīn jìn dé xiū yè rù yú dà xián jūn
大此心，进德修业，入于大贤君
zǐ zhī yù wú bù kě zhě rǔ cáo yí miǎn
子之域，无不可者。汝曹宜勉
zhī
之。

《名贤集》全文

四言集

sì yán jí

dàn xíng hǎo shì, mò wèn qián chéng
但行好事，莫问前程。

yǔ rén fāng biàn, zì jǐ fāng biàn
与人方便，自己方便。

shàn yǔ rén jiāo, jiǔ ér jìng zhī
善与人交，久而敬之。

rén pín zhì duǎn, mǎ shòu máo cháng
人贫志短，马瘦毛长。

rén xīn sì tiě, guān fǎ rú lú
人心似铁，官法如炉。

jiàn zhī shuāng měi, huǐ zhī shuāng shāng
谏之双美，毁之双伤。

zàn tàn fú shēng, zuò niàn huò shēng
赞叹福生，作念祸生。

jī shàn zhī jiā, bì yǒu yú qìng
积善之家，必有余庆。

jī è zhī jiā, bì yǒu yú yāng
积恶之家，必有余殃。

xiū zhēng xián qì, rì yǒu píng xī
休争闲气，日有平西。

lái zhī bù shàn qù zhī yì yì
来之不善，去之亦易。

rén píng bù yǔ shuǐ píng bù liú
人平不语，水平不流。

dé róng sī rǔ chǔ ān sī wēi
得荣思辱，处安思危。

yáng gāo suī měi zhòng kǒu nán tiáo
羊羔虽美，众口难调。

shì yào sān sī miǎn láo hòu huǐ
事要三思，免劳后悔。

tài zǐ rù xué shù mín tóng lì
太子入学，庶民同例。

guān zhì yī pǐn wàn fǎ yī tiáo
官至一品，万法依条。

dé zhī yǒu běn shī zhī wú běn
得之有本，失之无本。

fán shì cóng shí jī fú zì hòu
凡事从实，积福自厚。

wú gōng shòu lù qǐn shí bù ān
无功受禄，寝食不安。

cái gāo qì zhuàng shì dà qī rén
财高气壮，势大欺人。

yán duō yǔ shī shí duō shāng xīn
言多语失，食多伤心。

sòng péng yǒu jiǔ rì shí sān cān
送朋友酒，日食三餐。

jiǔ yào shǎo chī shì yào duō zhī
酒要少吃，事要多知。

xiāng zhēng gào rén wàn zhǒng wú yì
相争告人，万种无益。

lǐ xià yú rén bì yǒu suǒ qiú
礼下于人，必有所求。

mǐn ér hào xué bù chǐ xià wèn
敏而好学，不耻下问。

jū bì zé lín jiāo bì liáng yǒu
居必择邻，交必良友。

shùn tiān zhě cún nì tiān zhě wáng
顺天者存，逆天者亡。

rén wèi cái sǐ niǎo wèi shí wáng
人为财死，鸟为食亡。

dé rén yī niú huán rén yī mǎ
得人一牛，还人一马。

lǎo shí cháng zài tuō kōng cháng bài
老实常在，脱空常败。

sān rén tóng xíng bì yǒu wǒ shī
三人同行，必有我师。

rén wú yuǎn lǜ bì yǒu jìn yōu
人无远虑，必有近忧。

cùn xīn bù mèi wàn fǎ jiē míng
寸心不昧，万法皆明。

míng zhōng shī shě àn lǐ tián huán
明中施舍，暗里填还。

rén jiān sī yǔ tiān wén ruò léi
人间私语，天闻若雷。

àn shì kuī xīn shén mù rú diàn
暗室亏心，神目如电。

dù lǐ qiāo qī shén dào xiān zhī
肚里跷蹊，神道先知。

rén lí xiāng jiàn wù lí xiāng guì
人离乡贱，物离乡贵。

shā rén kě shù qíng lǐ nán róng
杀人可恕，情理难容。

rén yù kě duàn tiān lǐ kě xún
人欲可断，天理可循。

xīn yào zhōng shù yì yào chéng shí
心要忠恕，意要诚实。

xiá nì è shào jiǔ bì shòu lěi
狎昵恶少，久必受累。

qū zhì lǎo chéng jí kě xiāng yī
屈志老成，急可相依。

shī huì wú niàn shòu ēn mò wàng
施惠无念，受恩莫忘。

wù yíng huá wū wù móu liáng tián
勿营华屋，勿谋良田。

zǔ zōng suì yuǎn jì sì yí chéng
祖宗岁远，祭祀宜诚。

zǐ sūn suī yú shī shū yí dú
子孙虽愚，诗书宜读。

kè bó chéng jiā lǐ wú jiǔ gū
刻薄成家，理无久享。

wǔ yán jí
五言集

huáng jīn fú shì zài bái fà gù rén xī
黄金浮世在，白发故人稀。

duō jīn fēi wéi guì ān lè zhí qián duō
多金非为贵，安乐值钱多。

xiū zhēng sān cùn qì bái le shào nián tóu
休争三寸气，白了少年头。

bǎi nián suí shí guò wàn shì zhuǎn tóu kōng
百年随时过，万事转头空。

gēng niú wú sù cǎo cāng shǔ yǒu yú liáng
耕牛无宿草，仓鼠有余粮。

wàn shì fèn yǐ dìng fú shēng kōng zì máng
万事分已定，浮生空自忙。

jié yǒu dé zhī péng jué wú yì zhī yǒu
结有德之朋，绝无义之友。

cháng huái kè jǐ xīn fǎ dù yào jǐn shǒu
常怀克己心，法度要谨守。

jūn zǐ tǎn dàng dàng xiǎo rén cháng qī qī
君子坦荡荡，小人常戚戚。

jiàn shì zhī cháng duǎn rén miàn shí gāo dī
见事知长短，人面识高低。

xīn gāo zhē shèn shì dì gāo yǎn shuǐ liú
心高遮甚事，地高偃水流。

shuǐ shēn liú qù màn guì rén yǔ huà chí
水深流去慢，贵人语话迟。

dào gāo lóng hǔ fú dé zhòng guǐ shén qīn
道高龙虎伏，德重鬼神钦。

rén gāo tán jīn gǔ wù gāo jià chū tóu
人高谈今古，物高价出头。

xiū yǐ shí lái shì dī fáng shí qù nián
休倚时来势，提防时去年。

téng luó rào shù shēng shù dǎo téng luó sǐ
藤萝绕树生，树倒藤萝死。

guān mǎn rú huā xiè shì bài nú qī zhǔ
官满如花谢，势败奴欺主。

mìng qiáng rén qī guǐ yùn shuāi guǐ qī rén
命强人欺鬼，运衰鬼欺人。

dàn dé yī bù dì hé xū bù wèi rén
但得一步地，何须不为人。

rén wú qiān rì hǎo huā wú bǎi rì hóng
人无千日好，花无百日红。

rén yǒu shí nián zhuàng guǐ shén bù gǎn bàng
人有十年壮，鬼神不敢傍。

chú zhōng yǒu shèng fàn lù shàng yǒu jī rén
厨中有剩饭，路上有饥人。

ráo rén bù shì chī guò hòu dé pián yi
饶人不是痴，过后得便宜。

liàng xiǎo fēi jūn zǐ wú dù bù zhàng fú
量小非君子，无度不丈夫。

lù yáo zhī mǎ lì rì jiǔ jiàn rén xīn
路遥知马力，日久见人心。

cháng cún jūn zǐ dào xū yǒu chèn xīn shí
长存君子道，须有称心时。

yàn fēi bù dào chù rén bèi míng lì qiān
雁飞不到处，人被名利牵。

dì yǒu sān jiāng shuǐ rén wú sì hǎi xīn
地有三江水，人无四海心。

yǒu qián shàn shǐ yòng sǐ hòu yī chǎng kōng
有钱善使用，死后一场空。

wéi rén bù fù yǐ wéi fù bù rén yǐ
为仁不富矣，为富不仁矣。

jūn zǐ yù yú yì xiǎo rén yù yú lì
君子喻于义，小人喻于利。

pín ér wú yuàn nán fù ér wú jiāo yì
贫而无怨难，富而无骄易。

bǎi nián hái zài mìng bàn diǎn bù yóu rén
百年还在命，半点不由人。

zài jiā jìng fù mǔ hé xū yuǎn shāo xiāng
在家敬父母，何须远烧香？

jiā hé pín yě hǎo bù yì fù rú hé
家和贫也好，不义富如何？

qíng gān kāi shuǐ dào xū fáng bào yǔ shí
晴干开水道，须防暴雨时。

hán mén shēng guì zǐ bái wū chū gōng qīng
寒门生贵子，白屋出公卿。

jiāng xiàng běn wú zhǒng nán ér dāng zì qiáng
将相本无种，男儿当自强。

yù yào fū zǐ xíng wú kě yī rì qīng
欲要夫子行，无可一日清。

sān qiān tú zhòng lì qī shí èr xián rén
三千徒众立，七十二贤人。

chéng rén bù zì zài zì zài bù chéng rén
成人不自在，自在不成人。

guó zhèng tiān xīn shùn guān qīng mín zì ān
国正天心顺，官清民自安。

qī xián fū huò shǎo zǐ xiào fù xīn kuān
妻贤夫祸少，子孝父心宽。

bái yún zhāo zhāo guò，qīng tiān rì rì xián
白云朝朝过，青天日日闲。

zì jiā wú yùn zhì，què yuàn shì jiè nán
自家无运至，却怨世界难。

yǒu qián néng jiě yǔ，wú qián yǔ bù tīng
有钱能解语，无钱语不听。

shí jiān fēng huǒ xìng，shāo liǎo suì hán yī
时间风火性，烧了岁寒衣。

rén shēng bù mǎn bǎi，cháng huái qiān suì yōu
人生不满百，常怀千岁忧。

lái shuō shì fēi zhě，biàn shì shì fēi rén
来说是非者，便是是非人。

jī shàn yǒu shàn bào，jī è yǒu è bào
积善有善报，积恶有恶报。

bào yìng yǒu zǎo wǎn，huò fú zì bù cuò
报应有早晚，祸福自不错。

huā yǒu chóng kāi rì，rén wú cháng shào nián
花有重开日，人无常少年。

rén wú hài hǔ xīn，hǔ yǒu shāng rén yì
人无害虎心，虎有伤人意。

shàng shān qín hǔ yì，kāi kǒu gào rén nán
上山擒虎易，开口告人难。

zhōng chén bù pà sǐ，pà sǐ bù zhōng chén
忠臣不怕死，怕死不忠臣。

cóng qián duō shǎo shì guò qù yī chǎng kōng
从前多少事，过去一场空。

mǎn huái xīn fù shì jìn zài bù yán zhōng
满怀心腹事，尽在不言中。

jì zài ǎi yán xià zěn gǎn bù dī tóu
既在矮檐下，怎敢不低头？

jiā pín zhī xiào zǐ guó luàn shí zhōng chén
家贫知孝子，国乱识忠臣。

fán shì dēng tú zhě dōu shì fú bó rén
凡是登途者，都是福薄人。

xū shòu kǔ zhōng kǔ fāng wéi rén shàng rén
须受苦中苦，方为人上人。

jiā pín jūn zǐ zhuō shí lái xiǎo ér qiáng
家贫君子拙，时来小儿强。

mìng hǎo xīn yě hǎo fù guì zhí dào lǎo
命好心也好，富贵直到老；

mìng hǎo xīn bù hǎo zhōng tú yāo zhé liǎo
命好心不好，中途夭折了；

xīn mìng dōu bù hǎo qióng kǔ zhí dào lǎo
心命都不好，穷苦直到老。

nián lǎo xīn wèi lǎo rén qióng xíng mò qióng
年老心未老，人穷行莫穷。

zì gǔ jiē yǒu sǐ mín wú xìn bù lì
自古皆有死，民无信不立。

guāi hàn mán chī hàn chī hàn zǒng bù zhī
乖汉瞒痴汉，痴汉总不知。

guāi hàn biàn lǘ zi què bèi chī hàn qí
乖汉变驴子，却被痴汉骑。

liù yán jí
六言集

cháng jiāng hǎo shì yú rén huò bù lín shēn hài jǐ
常将好事于人，祸不临身害己。

jì dú kǒng mèng zhī shū bì dá zhōu gōng zhī lǐ
既读孔孟之书，必达周公之礼。

jūn zǐ jìng ér wú shī yǔ rén gōng ér yǒu lǐ
君子敬而无失，与人恭而有礼。

shì jūn shuò sī rǔ yǐ péng yǒu shuò sī shū yǐ
事君数斯辱矣，朋友数斯疏矣。

rén wú chóu tiān zhī lì tiān yǒu yǎng rén zhī xīn
人无酬天之力，天有养人之心。

jìng zuò cháng sī jǐ guò xián tán mò lùn rén fēi
静坐常思己过，闲谈莫论人非。

yī mǎ bù bèi shuāng ān zhōng chén bù shì èr zhǔ
一马不备双鞍，忠臣不事二主。

cháng xiǎng yǒu lì zhī nú bù niàn wú wéi zhī zǐ
常想有力之奴，不念无为之子。

rén yǒu dàn xī huò fú tiān yǒu zhòu yè yīn qíng
人有旦夕祸福，天有昼夜阴晴。

jūn zǐ dāng quán jī fú xiǎo rén zhàng shì qī rén
君子当权积福，小人仗势欺人。

rén jiāng lǐ yuè wéi xiān shù jiāng zhī yè wéi yuán
人将礼乐为先，树将枝叶为圆。

mǎ yǒu chuí jiāng zhī yì gǒu yǒu shī cǎo zhī ēn
马有垂缰之义，狗有湿草之恩。

yùn qù huáng jīn shī sè shí lái tiě yě zhēng guāng
运去黄金失色，时来铁也争光。

pà rén zhī dào xiū zuò yào rén jìng zhòng qín xué
怕人知道休做，要人敬重勤学。

tài shān bù què wēi chén jī shǎo lěi chéng gāo dà
泰山不却微尘，积少垒成高大。

rén dào shéi wú fán nǎo fēng lái làng yě bái tóu
人道谁无烦恼，风来浪也白头。

qī yán jí
七言集

pín jū nào shì wú rén wèn
贫居闹市无人问，

fù zài shēn shān yǒu yuǎn qīn
富在深山有远亲。

jiāo qíng hǎo sì chū xiāng jiàn
交情好似初相见，

dào lǎo zhōng wú yuàn hèn xīn
到老终无怨恨心。

bái mǎ hóng yīng cǎi sè xīn
白马红缨彩色新，
bù shì qīn zhě qiáng lái qīn
不是亲者强来亲，
yī zhāo mǎ sǐ huáng jīn jìn
一朝马死黄金尽，
qīn zhě rú tóng mò lù rén
亲者如同陌路人。
qīng cǎo fā shí biàn gài dì
青草发时便盖地，
yùn tōng hé xū mì gù rén
运通何须觅故人？
dàn néng yī lǐ qiú shēng jì
但能依理求生计，
hé bì qī xīn zuò è rén
何必欺心做恶人？
cái yǔ rén jiāo biàn rén xīn
才与人交辨人心，
gāo shān liú shuǐ xiàng gǔ jīn
高山流水向古今。
mò zuò kuī xīn jiǎo xìng shì
莫作亏心侥幸事，
zì rán zāi huò bù lái qīn
自然灾祸不来侵。

rén zhuó rén sǐ tiān bù kěn
人着人死天不肯，
tiān zhuó rén sǐ yǒu hé nán
天着人死有何难？
wǒ jiàn jǐ jiā pín liǎo fù
我见几家贫了富，
jǐ jiā fù liǎo yòu huán pín
几家富了又还贫。
sān cùn qì zài qiān bān yòng
三寸气在千般用，
yī dàn wú cháng wàn shì xiū
一旦无常万事休。
rén jiàn lì ér bù jiàn hài
人见利而不见害，
yú jiàn shí ér bù jiàn gōu
鱼见食而不见钩。
shì fēi zhǐ wèi duō kāi kǒu
是非只为多开口，
fán nǎo jiē yīn qiáng chū tóu
烦恼皆因强出头。
píng shēng zhèng zhí wú sī qū
平生正直无私曲，
wèn shèn tiān gōng ráo bù ráo
问甚天公饶不饶。

měng hǔ bù zài dāng dào wò
猛虎不在当道卧，
kùn lóng yě yǒu shēng tiān shí
困龙也有升天时。
lín yá lè mǎ shōu jiāng wǎn
临崖勒马收缰晚，
chuán dào jiāng xīn bǔ lòu chí
船到江心补漏迟。
jiā yè yǒu shí wéi lái wǎng
家业有时为来往，
huán qián cháng jì jiè qián shí
还钱常记借钱时。
cháng jiāng yǒu rì sī wú rì
常将有日思无日，
mò dài wú shí sī yǒu shí
莫待无时思有时。
jīn fēng wèi dòng chán xiān jué
金风未动蝉先觉，
àn suàn wú cháng sǐ bù zhī
暗算无常死不知。
qīng shān zhǐ huì míng jīn gǔ
青山只会明今古，
lǜ shuǐ hé céng xǐ shì fēi
绿水何曾洗是非？

shàn è dào tóu zhōng yǒu bào
善恶到头终有报，
zhǐ zhēng lái zǎo yǔ lái chí
只争来早与来迟。
hāo lǐ yǐn zhe líng zhī cǎo
蒿里隐着灵芝草，
yū ní xiàn zhe zǐ jīn pén
淤泥陷着紫金盆。
quàn jūn mò zuò kuī xīn shì
劝君莫做亏心事，
gǔ wǎng jīn lái fàng guò shéi
古往今来放过谁？
shān sì rì gāo sēng wèi qǐ
山寺日高僧未起，
suàn lái míng lì bù rú xián
算来名利不如闲。
rén shēng qī shí gǔ lái xī
人生七十古来稀，
duō shǎo fēng guāng bù tóng jū
多少风光不同居。
cháng jiāng yī qù wú huí làng
长江一去无回浪，
rén lǎo hé céng zài shào nián
人老何曾再少年？

dà dào quàn rén sān jiàn shì
大道劝人三件事，
jiè jiǔ chú huā mò dǔ qián
戒酒除花莫赌钱。
yán duō yǔ shī jiē yīn jiǔ
言多语失皆因酒，
yì duàn qīn shū zhǐ wèi qián
义断亲疏只为钱。
yǒu shì dàn jìn jūn zǐ shuō
有事但近君子说，
shì fēi xiū tīng xiǎo rén yán
是非休听小人言。
qī xián hé chóu jiā bù fù
妻贤何愁家不富，
zǐ xiào hé xū fù xiàng qián
子孝何须父向前？
xīn hǎo jiā mén shēng guì zǐ
心好家门生贵子，
mìng hǎo hé xū kào zǔ tián
命好何须靠祖田？
qīn rén tián tǔ piàn rén qián
侵人田土骗人钱，
róng huá fù guì bù duō nián
荣华富贵不多年。

mò dào yǎn qián wú bào yìng
莫道眼前无报应，
fēn míng zhé zài zǐ sūn biān
分明折在子孙边。
jiǔ féng zhī jǐ qiān bēi shǎo
酒逢知己千杯少，
huà bù tóu jī bàn jù duō
话不投机半句多。
yī fu pò shí bīn kè shǎo
衣服破时宾客少，
shí rén duō chù shì fēi duō
识人多处是非多。
cǎo pà yán shuāng shuāng pà rì
草怕严霜霜怕日，
è rén zì yǒu è rén mó
恶人自有恶人磨。
yuè guò shí wǔ guāng míng shǎo
月过十五光明少，
rén dào zhōng nián wàn shì hé
人到中年万事和。
liáng yán yī jù sān dōng nuǎn
良言一句三冬暖，
è yǔ shāng rén liù yuè hán
恶语伤人六月寒。

yǔ lǐ shēn shān xuě lǐ yān
雨里深山雪里烟，
kàn shí róng yì zuò shí nán
看时容易做时难。
wú míng cǎo mù nián nián fā
无名草木年年发，
bù xìn nán ér yī shì qióng
不信男儿一世穷。
ruò bù yǔ rén xíng fāng biàn
若不与人行方便，
niàn jìn mí tuó zǒng shì kōng
念尽弥陀总是空。
shào nián xiū xiào bái tóu wēng
少年休笑白头翁，
huā kāi néng yǒu jǐ rì hóng
花开能有几日红？
yuè jiān yuè jiǎo yuè pín qióng
越奸越狡越贫穷，
jiān jiǎo yuán lái tiān bù róng
奸狡原来天不容；
fù guì ruò cóng jiān jiǎo dé
富贵若从奸狡得，
shì jiān dāi hàn xī xī fēng
世间呆汉吸西风。

zhōng chén bù shì èr jūn zhǔ
忠臣不事二君主，
liè nǚ bù jià èr fú láng
烈女不嫁二夫郎。
xiǎo rén jiǎo huá xīn cháng dǎi
小人狡猾心肠歹，
jūn zǐ gōng píng tuō shàng cāng
君子公平托上苍。
yī zì qiān jīn jià bù duō
一字千金价不多，
huì wén huì suàn yǒu shéi guò
会文会算有谁过？
shēn xiǎo huì wén guó jiā yòng
身小会文国家用，
dà hàn kōng zhǎng zuò shén me
大汉空长作什么？

图书在版编目(CIP)数据

童蒙须知·名贤集/孟琢译注. —北京:中华书局,2013.11
(2025.9重印)
(中华蒙学经典)
ISBN 978-7-101-09266-0

Ⅰ.童… Ⅱ.孟… Ⅲ.古汉语-启蒙读物 Ⅳ.H194.1

中国版本图书馆CIP数据核字(2013)第060368号

书　　名　童蒙须知·名贤集
译 注 者　孟　琢
丛 书 名　中华蒙学经典
责任编辑　刘　三
封面设计　毛　淳
责任印制　陈丽娜
出版发行　中华书局
(北京市丰台区太平桥西里38号　100073)
http://www.zhbc.com.cn
E-mail:zhbc@zhbc.com.cn
印　　刷　大厂回族自治县彩虹印刷有限公司
版　　次　2013年11月第1版
2025年9月第13次印刷
规　　格　开本/700×1000毫米　1/16
印张9½　插页2　字数40千字
印　　数　36001-38000册
国际书号　ISBN 978-7-101-09266-0
定　　价　25.00元